Nigel Barley

Die Raupenpl

Zu diesem Buch

Für Ethnologen gibt es heute nicht mehr viel zu entdecken. Umso erfreuter war Nigel Barley, dass bei den Dowayos eine seltene, noch nie von Weißen beobachtete Beschneidungszeremonie stattfinden sollte. Also machte er sich auf nach Kamerun – und dieses Buch, eher Reisebericht als Sachbuch, ist sein Protokoll eines grandiosen Scheiterns. Es macht klar, welch riesige Lücke zwischen den Träumen von der heilen Welt der »Primitiven« und der alltäglichen Wirklichkeit klafft. Keine fröhliche, aber eine unfreiwillig komische Wissenschaft wird hier betrieben. Ehrlicher und amüsanter hat wohl noch kein Ethnologe von seinem Tun und Treiben berichtet – ein Vergnügen für jeden, der etwas gegen seine Vorteile tun will.

»Ein höchst amüsantes Lesevergnügen.« *Süddeutsche Zeitung*

»Respektlos und voller Witz.« *natur*

Der Autor

Nigel Barley, 1947 in Kingston upon Thames geboren, studierte moderne Sprachen und Ethnologie in Cambridge. In den Siebzigerjahren betrieb er Feldforschung im Norden Kameruns beim Volk der Dowayo – Grundlage nicht nur einer wissenschaftlichen Veröffentlichung, sondern auch zweier humorvoller Erfahrungsberichte. Nicht zuletzt sein Buch *Traurige Insulaner*, eine skurril-amüsante Auseinandersetzung mit Barleys Heimat England, machte ihn endgültig zum »Enfant terrible« seines Fachs.

Der Übersetzer

Ulrich Enderwitz, 1942 geboren, hat Religionswissenschaft studiert und lebt als freiberuflicher Autor und Übersetzer in Berlin.

Mehr über Buch und Autor auf *www.unionsverlag.com*

Nigel Barley

Die Raupenplage

Von einem, der auszog, Ethnologie zu betreiben

Aus dem Englischen
von Ulrich Enderwitz

Unionsverlag
Zürich

Die Originalausgabe erschien 1986
unter dem Titel *A Plague of Caterpillars. A Return to the African Bush*
bei Viking Penguin Inc., New York.
Die deutsche Erstausgabe erschien 1989
bei Klett-Cotta, Stuttgart.

Im Internet
Aktuelle Informationen,
Dokumente, Materialien
www.unionsverlag.com

Unionsverlag Taschenbuch 589

Rieterstrasse 18, CH-8027 Zürich
Telefon 0041-44-283 20 00, Fax 0041-44-283 20 01
mail@unionsverlag.ch

Reihengestaltung: Heinz Unternährer
Umschlaggestaltung: Martina Heuer, Zürich
Umschlagbild: George Clerk
Druck und Bindung: CPI – Clausen & Bosse, Leck
ISBN 978-3-293-20589-5

Inhalt

1
Wiedersehen mit Duala 7

2
In die Berge 23

3
Dem Kaiser geben … 36

4
Und noch einmal auf in den Kampf 46

5
Die Brustwarzen-Amputation 58

6
Veni, Vidi, Visum 68

7
Der Affe im Kino 81

8
Im Zweifel – vorwärts marsch! 90

9
Licht und Schatten 124

10
Jagdfieber 137

11
Der schwarz-weiße Mann 169

12
Eine ungewöhnliche Raupenplage 185

13
Jedes Ende ist auch ein Anfang 205

I

Wiedersehen mit Duala

Sie sind also noch nie in unserem Land gewesen?« Der Grenzbeamte musterte mich misstrauisch und durchblätterte lustlos meinen Pass. Schweißflecke, die im Umriss dem afrikanischen Kontinent glichen, breiteten sich auf seinem Hemd unter den Achselhöhlen aus; denn in Duala war die heiße, trockene Jahreszeit auf ihrem Höhepunkt. Jeder einzelne Finger hinterließ einen braunen schweißigen Abdruck auf den Seiten.

»So ist es.« Ich hatte es mir längst zur Regel gemacht, afrikanischen Beamten nie zu widersprechen. Der Aufwand an Zeit und Kraft war am Ende mit Sicherheit größer, als wenn man Fügsamkeit bewies und einfach nur zustimmte. Ein alter französischer Kenner der Kolonien hatte mir das als Verfahren erläutert, »die Tatsachen mit der Bürokratie in Einklang zu bringen«.

In Wahrheit war es nicht mein erster, sondern mein zweiter Besuch im Land. Beim ersten Mal hatte ich achtzehn Monate in einem Bergdorf im Norden verbracht, wo ich als Ethnologe vom Dienst einen heidnischen Stamm erforschte. Da indes mein Pass von den mit allen Wassern gewaschenen Ganoven Roms gestohlen worden war, gab es kein Belastungsmaterial in Form alter Sichtvermerke, das mich hätte verraten können. Ich beglückwünschte mich zu der nichtssagenden Unauffälligkeit meines hübschen neuen Passes. Schwierigkeiten waren damit eigentlich nicht zu befürchten. Falls ich mich zu meinem früheren Aufenthalt im Land bekannte, würde man sogleich von mir verlangen, dass ich mich auf eine Orgie bürokratischer Aktivitäten einließ, Ein- und Ausreisedaten lieferte, die Anzahl früherer Sichtvermerke angab usw. Dass es schlicht unsinnig war, von einem einfachen Reisenden zu erwarten, er müsse all das im Kopf haben, würde mir dabei als Entschuldigung nicht helfen.

»Warten Sie hier.« Mit herrischer Gebärde wurde ich zur Seite gewinkt, woraufhin mein Pass weggebracht wurde und hinter einem Wandschirm verschwand. Ein Gesicht tauchte über dem Wandschirm auf und musterte mich prüfend. Ich hörte das Rascheln von Buchseiten. Ich stellte mir vor, wie in den dicken Verzeichnissen unerwünschter Personen, die ich in der Kameruner Botschaft in London gesehen hatte, nach meinem Namen gesucht wurde.

Der Beamte kam zurück und fing an, die Reisepapiere eines Libyers von zutiefst zwielichtigem Aussehen einer genauen Prüfung zu unterziehen. Dieser Herr behauptete, »Generalunternehmer« zu sein, und besaß eine unwahrscheinliche Menge Gepäck. Mit atemberaubender Unverfrorenheit gab er als Grund für seinen Aufenthalt »die Suche nach geschäftlichen Gelegenheiten zum Nutzen des kamerunischen Volkes« an. Zu meinem großen Erstaunen wurde er ohne Weiteres durchgewinkt. Dann folgte eine ganze Kette schräger Vögel, ein grotesker Aufmarsch von Dieben, Schwindlern, Kunsthändlern – alle als Touristen verkleidet. Sie alle wurden unbesehen durchgelassen. Schließlich war nur ich noch da.

Der Beamte durchwühlte gemächlich meine Papiere. Er hatte es nicht eilig. Als er seine Machtstellung mir gegenüber zu seiner Zufriedenheit etabliert hatte, schenkte er mir einen Blick, der von hochnäsiger Durchtriebenheit troff. »Auf Sie, Monsieur, wartet der Chefinspektor.«

Ich wurde durch eine Tür einen Korridor entlanggeführt, der eindeutig nicht für den Publikumsverkehr bestimmt war. In einem kahlen Raum, dem jeder Komfort fehlte, wies man mir einen harten Sitzplatz an. Das Linoleum war abgewetzt und trug die Spuren unzähliger Schandtaten. Es herrschte eine glühende Hitze.

In Sachen Gewissen haben wir alle ein überzogenes Konto. Sobald uns eine Autorität auch nur anschaut, werden tiefe Schuldgefühle in uns aufgerührt. In diesem Fall war meine Position mehr als nur ein bisschen wacklig. Während meines ersten Aufenthalts bei den Dowayos, meinem Bergstamm, hatte ich erfahren, was für eine zentrale Bedeutung für die ganze Stammeskultur die Beschneidungszeremonie besaß. Aber da diese nur in Abständen von sechs oder sieben Jahren stattfindet, hatte ich sie nie erleben können. Gewiss, ich hatte Schilderungen davon notiert und Teile der Zeremonie, die bei anderen Festen wiederkehren, fotografiert. Aber die Sache selbst war mir entgangen. Durch Kontakte, die ich am Ort hatte, war mir vor einem Monat die Nachricht zugegangen, dass die Zeremonie unmittelbar bevorstand. Wer konnte sagen, wann sie wieder einmal stattfinden würde – wenn überhaupt? Es war eine einzigartige Gelegenheit, die ich mir nicht entgehen lassen durfte. Frühere Erfahrungen hatten mich gelehrt, dass ich keine Chance hatte, rechtzeitig die Erlaubnis für die Durchführung einer behördlich genehmigten ethnologischen Feldforschung zu bekommen; deshalb reiste ich als einfacher Tourist ins Land ein. Ich selbst machte mir daraus kein Gewissen; ich tat nur, was alle Touristen taten – ich fotografierte. Bei der Zeremonie würden garantiert noch andere Touristen anwesend sein und fleißig Bilder fürs Album zusammenknipsen. Es war nicht einzusehen, warum mir, dem Ethnologen, verboten sein sollte, was jedem Buchhalter im Urlaub erlaubt war.

Aber nun war klar, dass sie Bescheid wussten. Wie hatten sie es herausgefunden? Ich konnte nicht glauben, dass all die Papiere, die ich in der Botschaft und am Flughafen hatte ausfüllen müssen, jemals von jemandem gelesen worden waren. Ich tröstete mich mit dem Gedanken, dass ich ja noch 1500 Kilometer vom Gebiet der Dowayos entfernt war und mich deshalb eines großen Vergehens noch nicht schuldig gemacht haben konnte.

Das Wartezimmer des Chefinspektors ist nicht der allerbeste Aufenthaltsort. Es ist geeignet, sogar das heiterste Gemüt mit Verzweiflung zu erfüllen. Die lange Wartezeit lieferte neuen Stoff für paranoische Ängste. Ich fing an, um mein Gepäck zu fürchten. (Vor meinem inneren Auge tauchten grinsende Zollbeamte auf, wie sie in meine Koffer griffen und meine Gewänder unter sich aufteilten. »Hier. Dieses Gepäck hat niemand abgeholt. Wir können es uns nehmen.«)

Endlich führte man mich in ein spartanisch eingerichtetes Büro. Hinter dem Tisch saß ein gepflegt aussehender Mann mit soldatischem Schnurrbart und entsprechender Haltung. Er rauchte eine lange Zigarette, deren Rauch sich zu einem eiernden Deckenventilator hinaufkräuselte, der niedrig genug hing, um jeden nordischen Unhold, der den Raum betrat, zu enthaupten. Ich war unentschlossen, ob ich die beleidigte Unschuld spielen oder es mit französischer Kameraderie versuchen sollte. Da ich nicht wusste, was gegen mich vorlag, schien es mir das Beste, auf »bekloppter Engländer« zu machen. Die Engländer sind tatsächlich in der glücklichen Lage, von den meisten Völkern für ein bisschen absonderlich und für völlig hoffnungslos in bürokratischen Dingen gehalten zu werden.

Der adrette Beamte schwenkte meinen Pass, der bereits von Zigarettenasche grauweiß bestäubt war.

»Monsieur, das Problem heißt Südafrika.«

Ich war ehrlich verblüfft. Was war passiert? Sollte ich als Vergeltung dafür ausgewiesen werden, dass irgendeine englische Cricket-Mannschaft in Südafrika fraternisiert hatte? Hielt man mich für einen Spion?

»Aber ich habe keinerlei Verbindungen zu Südafrika. Ich bin da nie gewesen. Ich habe dort nicht einmal Verwandte.«

Er seufzte. »Wir gestatten niemandem den Eintritt in unser Land, der die faschistische, rassistische Clique unterstützt, die jenes Land terrorisiert und sich den gerechten Forderungen der unterdrückten Völker widersetzt.«

»Aber…« Er hob die Hand.

»Lassen Sie mich ausreden. Um zu verhindern, dass wir in Erfahrung bringen, wer jenes unselige Land besucht hat und wer nicht, sind viele Regime so töricht, ihren Bürgern nach einem Aufenthalt in Südafrika neue Pässe auszustellen, damit sich in ihren Ausweispapieren keine verräterischen Visa finden. Sie, Monsieur, hat man mit einem nagelneuen Pass ausgestattet, obwohl ihr vorheriger noch gar nicht abgelaufen war. Für mich ist klar, dass Sie in Südafrika waren.«

Eine Eidechse huschte die Wand entlang und sah mich mit ihren wachen Äuglein anklagend an.

»Aber ich war nicht in Südafrika.«

»Können Sie das beweisen?«

»Natürlich nicht.«

Wir wendeten das logische Problem, wie sich etwas Nichtexistentes beweisen lässt, hin und her, bis der Inspektor – ganz unvermittelt – genug hatte von unserem handgestrickten Philosophieren. Mit wahrem bürokratischem Ingenium brachte er einen Kompromiss in Vorschlag. Ich sollte mündlich meine Bereitschaft zu einer schriftlichen Erklärung erklären, dass ich nie in Südafrika gewesen sei. Das würde reichen. Die Eidechse bekundete durch Nicken ihre begeisterte Zustimmung.

Draußen lag mein Gepäck auf einem Haufen, ausgesondert

und zur Seite gedrängt. Als ich mich danach bückte, um es zur Zollabfertigung zu tragen, packte mich ein Mann von gewaltigem Umfang am Arm. »Pst, *patron*«, hauchte er. »Sie fliegen morgen in die Hauptstadt weiter?« Ich nickte.

»Fragen Sie, wenn Sie Ihr Gepäck zur Abfertigung bringen oder wenn Sie auf der Rückreise sind, nach mir, Jacquo. Keine Gewichtsbeschränkung. Es kostet Sie nur ein Bier.« Er verdrückte sich.

Der Zollbeamte war beleidigt, weil ich mich so lange bei den Kollegen von der Passbehörde aufgehalten hatte. Missgestimmt weigerte er sich, mein Gepäck auch nur zur Kenntnis zu nehmen, und winkte mich durch zu der Stelle, wo, wie ich wusste, die Taxifahrer lauerten.

Irgendwo in Afrika gibt es sicher Taxifahrer, die nett, friedfertig, intelligent, ehrlich und höflich sind. Nur leider habe ich nie herausgefunden, wo. Der Neuankömmling kann mit ziemlicher Sicherheit damit rechnen, dass er ausgeplündert, übers Ohr gehauen und mit Beschimpfungen überhäuft wird. Bei einem früheren Besuch Dualas, als ich mit der Topografie der Stadt noch unvertraut war, hatte ich ein Taxi genommen, das mich an einen nicht einmal einen Kilometer entfernten Ort bringen sollte. Der Fahrer hatte vorgegeben, der Ort sei gut fünfzehn Kilometer weit weg, hatte einen irrsinnig hohen Fahrpreis verlangt und mich im Kreis herumgefahren, bis ich völlig die Orientierung verlor. Die bezahlte Fahrt hatte er genutzt, um Zeitungen in entlegenen Außenbezirken abzuliefern. Erst als ich mich wieder zurück zum Hotel durchschlagen wollte, erspähte ich plötzlich dessen unverwechselbare Kontur in einer Entfernung von höchstens zehn Minuten Fußweg. In Afrika ein Taxi zu nehmen ist fast immer Schwerstarbeit. Oft ist es viel einfacher, zu Fuß zu gehen.

Ich holte tief Atem und warf mich in die Schlacht. Sofort stürzten sich zwei Fahrer auf mich, die mir mein Gepäck zu entreißen suchten. Gepäck spielt in Westafrika gewöhnlich die Rolle eines Faustpfands, das durch hohe Lösegelder zurückgekauft werden muss.

»Hierher, *patron,* mein Taxi wartet. Wo gehts hin?«

Ich klammerte mich eisern an mein Gepäck. Die Umstehenden witterten eine interessante Szene, drehten sich um und sahen zu. Ich war für mehrere Stunden der letzte Fahrgast, eine Beute, die man nicht so einfach fahren ließ. Es folgte ein unziemliches Hinundhergeschubse, wobei ich den Knochen spielen durfte, um den sich zwei Hunde streiten. »Sagen Sie beiden, sie sollen abhauen!«, rief ein hilfsbereiter Zuschauer. Wohl wissend, dass dies die zwei dazu bringen würde, gemeinsam gegen mich Front zu machen, wandte ich mich einem dritten Fahrer zu. Sofort brachen die zwei mit dem dritten einen Streit vom Zaun. Ich machte mir ihre Ablenkung zunutze und kämpfte mich zur Tür durch, wo ein vierter Fahrer auf mich lauerte.

»Wo gehts hin?« Ich nannte das Hotel.

»In Ordnung. Ich nehme Sie.«

»Erst machen wir den Preis aus.«

»Sie geben mir Ihr Gepäck. Dann reden wir.«

»Wir reden erst.«

»Ich verlange nur 5000 Francs.«

»Der Fahrpreis beträgt 1200.« Er machte einen geknickten Eindruck.

»Sie waren schon mal hier? 3000.«

»1300.«

Er fuhr mit allen Anzeichen tiefster Erschütterung zurück. »Wollen Sie mich verhungern lassen? Bin ich kein Mensch? 2000.«

»1300. Schon das ist zu viel.«

»2000. Weniger ist ausgeschlossen.« Seine Augen füllten sich mit Tränen der Aufrichtigkeit. Wir hatten unverkennbar eine Verhandlungsebene erreicht, auf der er eine ganze Weile auszuharren gedachte. Ich spürte, wie meine Kraft und Entschlossenheit schwanden. Wir einigten uns auf 1800. Es war, wie gewöhnlich, zu viel.

Das Taxi hatte alles, was man so braucht: ein Radio, aus dem ständig Musik dröhnte, eine Vorrichtung, die das Gezwitscher von Kanarienvögeln ertönen ließ, wenn auf die Bremse getreten wurde, eine Sammlung von Amuletten, die für sämtliche bekannten Formen der Hoffnung und der Verzweiflung das Passende enthielt. Die Griffe zum Öffnen der Fenster waren entfernt. Das Auto schien keine Kupplung zu haben, und der Wechsel in den Gängen war von einem unheimlichen Knirschen begleitet. Die Fahrt selbst bestand, wie üblich, aus einer Folge wüster Beschleunigungen und Notbremsungen.

In Westafrika gibt es ein Bedürfnis, alle Beziehungen bis zum Zerreißen auf die Probe zu stellen, einen unwiderstehlichen Zwang, herauszufinden, wie weit man eigentlich gehen kann. Vielleicht hatte ich bei den Fahrpreisverhandlungen die Hartnäckigkeit übertrieben. Ich sah, wie der Fahrer eine riesige Frau ins Auge fasste, die ihm vom Straßenrand winkte. Er trat voll auf die Bremse. Es gab eine kurze Diskussion, und dann wollte er das ausladende Weib, das eine riesige emaillierte Schale mit Salat trug, ins Auto einsteigen lassen. Ich protestierte. Die voluminöse Dame drängte mit Schale und Schenkeln gegen mich an. Kaltes Wasser schwappte mir aufs Bein. »Sie hat fast den gleichen Weg. Keine Mehrkosten für Sie.« Er sah gekränkt aus. Die Dame versuchte, mir einen Salatkopf zu verkaufen. Wir wurden alle laut und schüttelten die Fäuste. Die Dame drohte mir mit Schlägen Ich drohte, mich ohne Bezahlung aus dem Geschäft zurückzuziehen. Wir kreischten und tobten. Schließlich trat die Frau den Rückzug an, und wir setzten die Fahrt fort. Von Bitterkeit oder

Verstimmung war nichts zu spüren, der Fahrer summte sogar ein Liedchen vor sich hin.

Vor wenigen Stunden erst war ich angekommen, entspannt, gelassen, im Vollbesitz meiner Kräfte dank einer sechsmonatigen Erholungspause in England. Jetzt war ich schon wieder verhärmt, erschöpft, am Boden zerstört und hatte noch nicht einmal das Hotel erreicht.

Wir kamen an. Der Fahrer drehte sich zu mir um, ein Lächeln auf seinem Gesicht.

»2000.«

»Wir haben 1800 ausgemacht.«

»Aber Sie haben jetzt gesehen, wie weit es ist. 2000.« Einmal mehr trugen wir unsere Meinungsverschiedenheiten mit ritueller Umständlichkeit aus. Schließlich zog ich 1800 Francs aus der Tasche und knallte sie auf das Dach des Autos.

«Sie kriegen das hier oder gar nichts, und ich rufe die Polizei.» Er lächelte lieb und steckte das Geld ein.

Nicht lange, so fand ich mich in einem kleinen stickigen Raum untergebracht, dessen Boden mit kühlem Linoleum bedeckt war. Der Ventilator klapperte entsetzlich, erzeugte aber immerhin einen Hauch kühler Luft. Mit Mühe versank ich in einen unruhigen Schlaf.

Es klopfte an die Tür. Draußen stand eine stämmige Gestalt mit kräftigen Gesichtsfarben und kurzen Hosen im Stil der Kolonialepoche. Er stellte sich schlicht und einfach als Humphrey vor, aus dem Zimmer nebenan, und sprach mit unverkennbar britischem Tonfall. Er legte eine Haltung nicht eigentlich der Verärgerung, sondern vielmehr abgrundtiefer Gekränktheit an den Tag.

«Es geht um Ihren Ventilator», erklärte er, »der macht so viel Krach, dass ich nachts nicht schlafen kann, wenn er läuft. Der Kerl vor Ihnen war so zivil, ihn ausgeschaltet zu lassen. War wirklich ein ziviler Mensch, zumal für einen Holländer.«

»Also, es tut mir sehr leid, wenn er sie belästigt, aber ich kann hier bei abgeschaltetem Ventilator unmöglich schlafen. Die Fenster sind nicht aufzumachen. Ich würde vor Hitze ersticken. Warum beschweren Sie sich nicht beim Manager?«

Er schenkte mir einen vernichtend mitleidsvollen Blick.

»Habe ich natürlich schon. War nutzlos. Tat so, als spräche er kein Englisch. Kommen Sie mit in mein Zimmer, wir trinken einen und reden darüber.«

Nach einigen Gläsern entwickelte sich jene schnellwüchsige, kurzlebige Freundschaft zwischen uns, die Landsleute schließen, wenn sie sich im Ausland treffen. Er erzählte mir seine Lebensgeschichte. Wie es schien, hatte er mit irgendeinem Entwicklungshilfeprojekt im Landesinnern zu tun, einem Plan, Fruchtsaftkonserven für den Export zu produzieren. Das Projekt war vorher von Taiwan finanziert worden, das sich aber zurückgezogen hatte, als Kamerun Rotchina anerkannte. Humphrey verbrachte die meiste Zeit mit der Suche nach Ersatzteilen für die taiwanesischen Traktoren, die ihm die vorherige Verwaltung hinterlassen hatte.

Ich erzählte Humphrey von meinen Erlebnissen auf dem Flugplatz. Er fand sie noch ziemlich harmlos. Umständlich setzte er mir auseinander, der Mann an der Abfertigung wolle in Wirklichkeit kein Bier, sondern 1000 Francs Bestechungsgeld. Ich bedankte mich für die Aufklärung, aber ich war nicht zum ersten Mal im Land. Humphrey schlug vor, essen zu gehen, und führte mich zum Hotelrestaurant. Überall rotes PVC und nackte Glühbirnen, das Ganze erinnerte ein bisschen an ein Luxushotel in der Tschechoslowakei der Fünfzigerjahre. Eidechsen kurvten in unberechenbaren Bahnen zwischen den Glühbirnen umher.

Der riesige glänzende Oberkellner trat auf uns zu und deutete auf Humphreys bloße Knie. »Gehen Sie und ziehen Sie etwas anderes an!«, tönte er. Wir blieben stehen und sahen einander an. Humphrey sträubte sich der Kamm. Ich konnte sehen, dass er vor Wut kochte. Betont leise sagte er: »Nein. Ich bin gerade erst aus dem Busch gekommen. Meine Sachen sind alle in der Wäsche. Mehr als das hier habe ich nicht.«

Der Oberkellner blieb ungerührt. »Sie gehen und ziehen etwas anderes an, oder es gibt nichts zu essen.« Wir standen wie kleine Kinder vor ihrer Gouvernante.

Humphrey machte auf dem Absatz kehrt und stolzierte hoheitsvoll aus dem Saal. Ich musste hinterher, auch wenn ich nur einen schwachen Abglanz seiner hellen Empörung zustande brachte.

In einem Anfall brüderlicher Solidarität vertraute er mir an, dass er etwas Besseres kenne. Er musterte mich abschätzend.

»Das verrate ich nicht jedem x-Beliebigen.« Ich gab mir Mühe, geehrt auszusehen.

Er ging mir durch die Eingangstür voran, dorthin, wo die Taxis warteten – und die Schönen der Nacht. Es ist immer interessant zu sehen, was für Vorstellungen verschiedene Kulturen voneinander haben. Einen sicheren Aufschluss in dieser Hinsicht gibt, was sie einander zu verkaufen suchen. Mit derselben blinden Gewissheit, mit der Engländer von Amerikanern annehmen, dass diese nichts lieber möchten als auf einem herrschaftlichen Landsitz den Tee einzunehmen, setzen die Westafrikaner voraus, dass alle Europäer nichts anderes wollen als Holzschnitzereien und käufliche Liebe. Als Gesichtsausdruck scheint bei der Damenwelt der westafrikanischen Städte derzeit temperamentvolle Aufmüpfigkeit in Mode. Diese Mädchen, die wie Basketballspieler gebaut waren, hatten sich das zu Herzen genommen. Sie schlenderten mit übertriebenem Schmollmund und trotzig zurückgeworfenem Kopf herum. »Danke, heute nicht«, sagte Humphrey in entschiedenem Ton.

Seine Methode, ein Taxi zu mieten, war meiner ohne Frage

überlegen. Die Verhandlungen wurden schroff und kompromisslos geführt. Wir stiegen ein. Mehrere der Damen suchten mit uns einzusteigen. Humphrey wies sie mit väterlicher Hand zurück.

Dann folgte eine lange Fahrt auf schmutzigen, urwaldgesäumten Straßen. Wir überquerten mehrfach Eisenbahngleise, die im Mondlicht unheilvoll schimmerten. Wir wurden von fremdartigen Gerüchen überflutet, die von fruchtbarer Erde, menschlichen Exkrementen und Sumpfland herrührten. Schließlich erreichten wir in der Nähe der Hafenanlagen, wo aus öligem Wasser verlassene Schiffe emporragten, eine asphaltierte Straße.

Wir kamen auf einen Platz, den auf drei Seiten Gebäude im imperialen französischen Stil bildeten, die wohl noch vor ihrer Fertigstellung angefangen hatten, wieder in Trümmer zu fallen. Von den Mauern löste sich der Putz. In den schweren durchbrochenen Zementgeländern der Balkone machten sich Kriechpflanzen breit. Ohne zu zögern, führte mich Humphrey auf die vierte Seite des Platzes, wo sich die Urwaldflora im Kampf gegen die Brennholzsammler aus der Stadt zu behaupten suchte. Das Ergebnis war ein wüstes Gewirr aus zottigen Ranken.

»Wir sind da«, sagte Humphrey schwer atmend. Das Gedächtnis hat so seine Art, uns blauen Dunst vorzumachen, Eindrücke zu verstärken und zu vereindeutigen. Vielleicht war es nur, weil ich das Haus mit Humphreys Augen sah. Jedenfalls habe ich es in der Erinnerung deutlich als das einzige frisch getünchte Gebäude der ganzen Stadt vor Augen. Es schimmerte im Mondlicht. Ein silbernes Juwel inmitten eines grünen Pflanzenmeers. Es war ein vietnamesisches Restaurant.

Man kannte Humphrey hier offenbar gut. Die Hausherrin, eine orientalische Dame von porzellanener Schönheit, begrüßte ihn mit einem delikaten Lächeln und einer Verneigung. Der Besitzer des Lokals, ihr Ehemann, war ein im Ausland lebender Franzose, der sich viele Jahre in Indochina aufgehalten hatte. Honigfarbene Kinder traten auf den Plan, die wie die Orgelpfeifen aufeinanderfolgten und Humphrey anlächelten. Sie verbeugten sich, umarmten ihn und nannten ihn »*Tonton* Oomfray«. Humphrey konnte sich einer gewissen Rührung nicht erwehren. Ich glaubte zu sehen, wie er sich eine männlich verstohlene Träne aus dem Auge wischte. Der Wirt setzte sich zu uns und schenkte Cassis und Weißwein ein, während gemeinsame Erinnerungen ausgetauscht und Neuigkeiten aus der Familie beredet wurden. Es stellte sich heraus, dass Humphrey eine Frau in Nordengland und außerdem ein, wie er es nannte, »festes Verhältnis« in der Hauptstadt hatte.

Die nächste Stunde lang nahmen wir eine ebenso delikate wie fein abgestimmte Mahlzeit zu uns, deren Geschmacksrichtungen und Bestandteile mit dem größten Raffinement wechselten. Im Hintergrund lief ein Tonband mit sanfter orientalischer Musik, einem fein gesponnenen Filigran aus Flöten und Gongs.

Beim Obst wurde Humphrey noch vertraulicher. »Es treibt mich immer wieder hierher«, erklärte er. »*Zu* oft darf ich nicht kommen, sonst würde es nicht mehr funktionieren. Ich gewinne hier Abstand von der unsäglichen Grobschlächtigkeit Afrikas. Das Schlimmste sind die Frauen – die Art, wie sie gehen, wie sie spreizfüßig herumlatschen. Schauen Sie sich das an!«, rief er überwältigt.

Unsere Gastgeberin kam elegant an unseren Tisch geglitten und brachte Schalen mit Zitronenwasser, die sie mit einer einzigen fließenden Bewegung absetzte. Ein leises Kleiderrascheln, und sie war verschwunden.

Ich musste Humphrey gut zureden, um ihn überhaupt wieder nach Afrika zurückzubringen. Missgestimmt und deprimiert tauchte er aus dem fremdartigen Rankengewirr auf.

Als wir auf den Platz traten, brachte ihn der Anblick eines

schlaksigen, geschniegelten Jugendlichen auf der anderen Seite jäh in die Gegenwart zurück.

»Meine Güte. Da ist ja unser Früchtchen.«

So geheimnisvoll die Äußerung klang – es stellte sich heraus, dass Früchtchen einfach nur der Spitzname des Jugendlichen war.

»Er ist ein Original. Los, hin!« Humphrey war schon auf und davon.

So eindeutig Humphrey Früchtchen wiedererkannte, so deutlich war aber auch, dass Früchtchen sich an Humphrey nicht erinnerte. Wahrscheinlich sahen für ihn alle Weißen gleich aus. Er bleckte ein weißes ebenmäßiges Gebiss. »Sie wollen Frau?«, erkundigte er sich mit deprimierender Unvermeidlichkeit.

»Bestimmt nicht«, sagte Humphrey.

»Ganja?« Pantomimisch sog er Rauch ein und fiel in eine tiefe Ekstase, die ihn dieser Welt so ziemlich entrückte. Er war unverkennbar jemand mit einem beschränkten Programm.

»lass gut sein, Früchtchen. Ich bins.«

Früchtchen musterte Humphrey ziemlich unsicheren Blickes und lüftete sogar seine modische verspiegelte Sonnenbrille. Seinem verdutzten Gesicht war deutlich zu entnehmen, dass er Humphrey immer noch nicht unterbringen konnte.

»Der weiße Peugeot.«

»Ah.«

Offensichtlich war bei Früchtchen der Groschen jetzt gefallen, aber er sah alles andere als erfreut aus. Humphrey indes bestand auf freundschaftlichen Beziehungen zwischen ihnen beiden, duldete keinen Widerspruch und führte uns zu einer nahe gelegenen Bar, wo die Wahrheit ausgepackt wurde – während Früchtchen mit obligat glutvoller Miene dabeisaß.

Früchtchen hatte in seinem kurzen Leben schon vielfach dem Glück als Spielball gedient und bereits zahlreiche kometenhafte

Aufstiege und Abstürze erlebt. Als Humphrey ihn kennenlernte, sonnte er sich gerade im Besitz eines weißen Peugeot, der seine ganze Wonne war. Wie er an den Wagen gekommen war, blieb dunkel. Über diesen Punkt ging man lieber hinweg. Offenbar waren er und Humphrey ausgezogen, um das Nachtleben in einem besonders anrüchigen Klub namens »Der Sumpf« unter die Lupe zu nehmen. Eine liebenswerte Angewohnheit von Kindern in allen westafrikanischen Städten ist es, Autos in Abwesenheit der Besitzer zu »bewachen«. Tatsächlich handelt es sich dabei im Keim um einen Fall von organisiertem Erpressertum. Zahlt man eine kleine Summe, ist der Wagen sicher. Weigert sich der Besitzer, die kleine Gratifikation springen zu lassen, kann es leicht geschehen, dass er bei der Rückkehr den Lack zerkratzt, die Reifen zerschnitten, die Türschlösser demoliert findet.

Ein ahnungsloses Kind, das Humphrey und Früchtchen aussteigen sah, hatte in seiner Unschuld angenommen, Humphrey sei der Besitzer und Früchtchen bloß sein Fahrer. Humphrey war angehauen worden, etwas »lockerzumachen«, und hatte sich geweigert. Seine Weigerung war außerordentlich entschieden ausgefallen – manch einer würde sagen, ein bisschen zu entschieden.

Als Früchtchen zu seinem Wagen zurückkam, waren die Scheinwerfer ausgebaut. Daran war nach seiner Ansicht Humphrey schuld. Humphrey müsse ihm neue Scheinwerfer kaufen. Da sie beide betrunken waren, hatte sich eine lange und – am Ende – hitzige Diskussion entsponnen. Früchtchen hatte Humphrey stehen gelassen. Er hatte versucht, sein Auto ohne Licht nach Hause zu steuern. Es war zu einem Unfall gekommen. Die Überprüfung der Wagenpapiere hatte verfängliche Unregelmäßigkeiten ans Licht gebracht. Dies war das Ende des Lieds vom weißen Peugeot.

Früchtchen hatte genug davon, in Erinnerungen zu schwelgen.

Hoffnungsvoll wandte er sich mir zu. Ich war wohl gerade erst angekommen? Da hatte ich aber Glück, dass ich auf ihn gestoßen war. Er war nämlich ein Künstler, der Elfenbeinanhänger fertigte. Er zauberte welche aus seiner Jacke hervor und ließ keinen Zweifel daran, dass ich sie jederzeit käuflich erwerben konnte. Er legte Wert auf die Feststellung, dass er an dem Verkauf nichts verdiene. Der Preis decke kaum seine Unkosten. Für ihn seien die Anhänger Ausdruck seiner Künstlerseele. Normalerweise verkaufe er sie gar nicht.

Ich sah sie mir an. Seine Künstlerseele hatte ihm eingegeben, Miniaturelefanten aus Elfenbein, elfenbeinerne Umrisse von schwarzen Schönen mit aufgetürmten Frisuren – kurz, all das übliche Zeug für Touristen herzustellen, das man entlang der ganzen Küste in jedem Andenkenlädchen erstehen konnte. Angeblich musste er die Sachen verkaufen, um sich neue und sehr teure Drillbohrer aus Deutschland kaufen zu können, die er brauchte, um seine Kunst weiter ausüben zu können.

Humphrey beugte sich vor. Er sprach langsam und mit Nachdruck.

»Er kauft sie nicht, Früchtchen. Er ist nicht neu hier.« Er zwinkerte mir zu. »Aber vielleicht spendiert er dir ein Bier.«

Humphrey und ich kehrten zum Hotel zurück. Draußen sah man immer noch die undeutlichen Umrisse käuflicher Damen die Runde machen. Wir gingen auf unsere Zimmer. Weil Humphrey jetzt mein Freund war, schwitzte ich mich bei abgeschaltetem Ventilator durch eine unruhige Nacht.

2
In die Berge

Flugreisen in Afrika haben immer einen etwas unwirklichen Charakter. Man sitzt eingekapselt in einem klimatisierten Raum, trinkt gekühlten Fruchtsaft und gleitet über die Köpfe von Leuten weg, die aus dem Schatten ihrer Lehmhütten heraufschauen und selbst nie auf den Gedanken gekommen sind, sich weiter als dreißig Kilometer von ihrem Geburtsort zu entfernen. Sie verbringen ihr Leben und erleiden ihren Tod in Sichtweite ein und desselben Höhenzugs. Das soll nicht heißen, dass nicht manche Afrikaner große Reisen gemacht haben. Die dem achtzehnten Jahrhundert entstammenden Tagebücher eines Schriftstellers wie Gustavus Vassa berichten von Reisen, die von Afrika nach Westindien, nach Virginia, ans Mittelmeer und sogar in die Arktis führten. Aber sie legen auch beredtes Zeugnis ab von den Gefahren und Bedrängnissen, die jeden erwarten, der töricht genug ist, sich zu weit über die Grenzen jenes winzigen Bereichs hinauszuwagen, in dem Sippenbande und Blutsverwandtschaft dem Betreffenden einen gewissen Schutz gewähren. Die meisten afrikanischen Dorfbewohner verfügen über geografische Kenntnisse, die sich rasch in mythologische Dimensionen verlieren. In meinem eigenen Dorf hatte keiner jemals das Meer zu Gesicht bekommen, und abends wurde ich von den um das Feuer versammelten alten Männern immer wieder gefragt, ob es dergleichen überhaupt gebe. Sie waren entsetzt beim bloßen Gedanken daran und schworen, wenn ich ihnen den Wellengang beschrieb, sie wollten so etwas niemals sehen. Ein erfahrener Reisender unter ihnen behauptete, das Meer bei der nächstgelegenen Stadt, gut hundert Kilometer entfernt, gesehen zu haben, und schilderte es mit großem Brimborium. Ich brachte es nie über mich, ihm zu sagen, dass er nur den Hochwasser führenden Fluss gesehen hatte.

Wir machten Zwischenlandung in der Hauptstadt Jaunde, ehe wir zur zentralen Hochebene weiterflogen, wo ich versuchen wollte, eine Mitfahrgelegenheit zu finden, die mich zurück zu meinem Bergvolk brachte. Während das Flugzeug ausrollte, teilte uns die Stewardess mit, dass es uns freistand, während der halben Stunde Aufenthalt auf dem Rollfeld im Flugzeug sitzen zu bleiben oder aber zu Fuß hinüber zum Terminal zu gehen.

Es ließ sich schwer entscheiden, was klüger war. Was hätte Humphrey getan? Die Flugzeuge sind manchmal krass überbelegt, besonders in den Ferien, wenn die Lehrer die Flugfreikarten, die sie bekommen, auf dem Schwarzmarkt verkaufen. Es war schon eine große Kühnheit, sich von dem Platz, den man belegt hat, einfach zu entfernen. Andererseits würde sich die halbe Stunde ohne Zweifel als eine zentralafrikanische halbe Stunde entpuppen und erheblich länger dauern. Möglicherweise war man gut beraten, sich der paar Annehmlichkeiten zu versichern, die der Terminal zu bieten hatte, statt in dem überhitzten Flugzeug eingepfercht sitzen zu bleiben. Ich beschloss, mich auf den Weg zum Terminal zu machen. Vielleicht war es für viele Monate das letzte Mal, dass ich ein Schinkensandwich zu sehen bekam. Leider aber kam mein Entschluss zu spät. Die Stewardess schrie mich an, ich dürfe das Flugzeug nicht mehr verlassen. Es sei verboten. Ich solle sofort wieder auf meinen Platz zurückkehren.

Westafrikanische Stewardessen gleichen in nichts den wohltuenden, beruhigenden Erscheinungen, die man in den gemäßigteren Zonen findet. Vielleicht durchlaufen sie dieselbe Ausbildung wie russische Zimmermädchen oder französische Hauswartsfrauen. Sie sind sich bewusst, dass es ihre vornehmste Aufgabe ist, die Passagiere auf Vordermann zu bringen, sie zu überwachen und unter Kontrolle zu halten. Vor allem aber verlangen sie Gehorsam.

Auf einem früheren Flug hatte einer meiner Mitreisenden sich die Zeit während eines solchen Aufenthalts damit vertrieben, durch die offene Tür zu fotografieren, vielleicht, um sich mit einem neuen Apparat vertraut zu machen. Allem Anschein nach war er ein Angestellter der Firma, von der die Flugzeuge, die auf Inlandflügen eingesetzt wurden, gebaut worden waren, und er wollte wohl stolzgeschwellt Bilder davon vorzeigen können, wie seine Maschinen sich unter sengender Sonne bewährten. Er wurde rasch ertappt und von einer Stewardess angezeigt. Es folgte eine langwierige Auseinandersetzung mit einem Polizisten, der ihn beschuldigte, strategische Einrichtungen zu fotografieren, woraufhin sein Fotoapparat beschlagnahmt worden war. Diesmal war der Flug weniger aufregend. Die einzige Ablenkung bot ein kleines Mädchen, das im Mittelgang mit Hingabe seine Luftkrankheit auslebte. Die strenge Stewardess kommandierte die Mutter des Kindes zum Saubermachen ab.

Etwa eine Stunde danach kamen die anderen Passagiere zurück und wussten von allerhand Erfrischendem und Erquicklichem zu erzählen. Es gab natürlich keinen Sturm auf die Plätze. Das Flugzeug war beim Weiterflug fast leer. Ich plauderte mit einem jungen Mitarbeiter des Amerikanischen Friedenskorps, der unterwegs zu einem Standort in der Nähe von Ngaoundéré war.

Das Friedenskorps ist eine Organisation, die die internationale Verständigung und den Goodwill zwischen den Völkern dadurch zu befördern sucht, dass sie ihre jungen Leute in alle Welt entsendet, um gemeinsam mit den Einheimischen an verschiedenen nützlichen Projekten zu arbeiten. Diese Vorhaben können vom Englischunterricht bis zum Bau von Latrinen reichen. In Kamerun widmeten sich eine Reihe von Veteranen aus dem Vietnamkrieg – die alle die Dreißig noch nicht überschritten hatten – dem Ausbau von Wildreservaten. Große, langhaarige, sanfte Riesen, die sie waren, durchstreiften sie die Steppe auf Motorrädern, um Elefanten aufzuspüren und ihre Zahl festzustellen. Der Lebensstil der Mitarbeiter des Friedenskorps lässt sich füglich als »zwanglos« bezeichnen. Wenige von ihnen kehren in die Vereinigten Staaten so schlichten Gemüts zurück, wie sie bei der Ankunft waren. Wie immer es um ihren Beitrag zur Entwicklung der Dritten Welt bestellt sein mag, sie selbst machen jedenfalls rasante Persönlichkeitsveränderungen durch.

Das Haus des Friedenskorps in Ngaoundéré war seit jeher eine liebenswerte Bruchbude, in der alle möglichen Weltenbummler einkehrten, die auf dem Weg in die weite Welt waren oder von dorther kamen.

Das Mobiliar hatte so einiges durchgemacht – nicht viele Mitarbeiter des Friedenskorps waren schließlich Typen, die gern mit Wachs und Politur herumhantierten. Dass im Haus so viel Durchgangsverkehr herrschte, brachte gewisse Gefahren mit sich. Die Limonadenflasche im Kühlschrank konnte genauso gut Entwicklerflüssigkeit enthalten, das Fleischstück daselbst konnte für den menschlichen Verzehr, aber ebenso gut auch für die Verwendung im Rahmen eines Projekts zur Vergiftung der Ratten in den Slums bestimmt sein.

Eine Person, die dort viele Jahre lang gewohnt hatte, war noch immer in aller Munde. Von diesem Menschen war als besonderes Erinnerungsstück ein merkwürdig laszives Tierfell zurückgeblieben, das auf der zerkratzten und abgewetzten Anrichte als Läufer diente. Vom Anblick dieses Objekts gefesselt, hatte ich mich eines Nachmittags erkundigt, was so etwas in einem Haus zu suchen habe, das sich ansonsten dem strikten Verzicht auf alles nicht unbedingt zum Leben Notwendige verschrieb. Der Plunder wirkte denkbar fehl am Platz, wie Volants in einem Kloster.

Alles verstummte. »Haben Sie noch nie von McTavishs Katze gehört?«, fragte jemand ungläubig.

Offenbar gab es da einmal einen gewissen McTavish. Mittlerweile fester Bestandteil der Mythologie der Lokalität, wird er als unwahrscheinlich groß und behaart, ein Mann von gewaltigem Appetit und ausuferndem Sexualbedürfnis geschildert. Derart exzessiv waren, so wird gemunkelt, seine Ausflüge in die Bordellszene, dass die Ärzte nach allgemeiner Versicherung ungläubig staunten, als sie die Vielzahl und die Intensität der Geschlechtskrankheiten zu Gesicht bekamen, die er mit sich herumschleppte. Das wurde ihm zum Verhängnis. Man schickte ihn zurück in die Heimat und machte aus ihm einen Fall für ein medizinisches Forschungsprogramm. In Ngaoundéré indes dauert sein Einfluss fort. Manch aufkeimende Liebe ist im Ansatz verdorrt, weil die betreffende junge Dame ihrem Verehrer vom Friedenskorps gegenüber bemerkte: »Ich hatte da mal einen anderen Freund im Friedenskorps. Er hieß McTavish.«

Wie immer es mit der Wahrheit dieser Sicht von McTavish bestellt sein mag, in dem Läufer aus Katzenfell, heute einem hoch geschätzten Erb- und Prunkstück des Hauses, ist jedenfalls sein Gedächtnis aufbewahrt. McTavishs Katze – ihr Name ist nicht überliefert – hatte große Ähnlichkeit mit ihrem Besitzer. Einer Kreuzung zwischen einem wild lebenden Kater und einer domestizierten Katze entsprungen, war das Tier riesig von Gestalt, bösartig, raubgierig und geil. Augenzeugen, die es zu Lebzeiten gesehen haben, versichern, sein Fell habe einen schwach grünlichen Schimmer ausgestrahlt, aber der Läufer liefert dafür keine Bestätigung.

Als McTavish anfing, ihre Futterversorgung zu vernachlässigen, verlegte sich die Katze darauf, die Hühner der Nachbarn abzumurksen. Die Nachbarn lauerten ihr auf. Sie machte einen großen Bogen um die Hinterhalte. Dann versuchte man, ihr Fallen zu stellen, aber sie machte die Fallen kaputt und holte sich weiter die Hühner. Am Ende ließen sich die Proteste und Schadenersatzforderungen der Nachbarn nicht mehr ignorieren, und McTavish versprach, die Katze zu beseitigen. Tränenden Auges beschloss er, die Sache selber in die Hand zu nehmen. Es war ein langer und mit List und Tücke geführter Kampf. Über Gift konnte die Katze nur lachen, und den Bolzen von McTavishs Armbrust entrann sie ohne Mühe. Sie schlug zurück, indem sie ihn nächtelang mit ihrem Geschrei quälte. Schließlich gelang es McTavish an einem schwülen Nachmittag, sie hinter dem Wassertank in die Enge zu treiben. Sie wusste, dass ihr letztes Stündlein geschlagen hatte, war aber entschlossen, ihr Leben so teuer wie möglich zu verkaufen. Das Ringen war furchtbar, aber der Ausgang unvermeidlich. Beobachter der Schlacht war indes ein Angestellter der Elektrizitätswerke. Als dieser sah, dass die Katze tot war, bat er McTavish, ihm die Augen zu überlassen, weil er gehört hatte, dass der Genuss von Katzenaugen einem das zweite Gesicht verleihe. McTavish, der jeder neuen Erfahrung aufgeschlossen gegenüberstand, war damit einverstanden. Zugleich brachte ihn das auf Gedanken, und er wurde förmlich von Verwertungssucht gepackt. Gutes Fleisch war knapp. Die Katze wurde mit Curry vermengt und das Fell gegerbt. Ob diejenigen, die an jenem Abend zum Essen da waren, vor der Mahlzeit erfuhren, was sie aßen, ist eine offene Frage. Tatsache ist, dass dieser Akt kulinarischer Blutschande sie so sehr in Rage versetzte, dass mehreren schlecht wurde und Freundschaften irreparabel darüber in die Brüche gingen. Die Überreste des Katzencurrys trieben sich einen Monat lang im Kühlschrank herum, bis sie rausflogen. Die Nachbarn berichteten, eine wild lebende Katze habe sie gefressen. Deren Fell habe einen grünlichen Schimmer gehabt.

Den jungen Amerikaner, der von löblichem jugendlichem Enthusiasmus und von hohen Idealen erfüllt war, konnte die Geschichte von McTavishs Katze nicht entmutigen. Er enthüllte, dass er kam, um bei der Anlage von Fischteichen auf dem Hochland zu helfen, damit der Proteingehalt der einheimischen Nahrung erhöht werden konnte. Ich erinnerte mich an einen anderen Mitarbeiter des Friedenskorps, der vorher an diesem Projekt gearbeitet hatte und der nach einigen Jahren hatte erkennen müssen, dass das Wichtigste, was er erreicht hatte, ein um etwa 500 Prozent vermehrtes Auftreten von Krankheiten war, die durch Wasser übertragen werden.

Sogar bei der Feldforschung gibt es kurze Phasen, in denen ausnahmsweise nicht alles schiefläuft. Wir kamen in Ngaoundéré an, verabschiedeten uns voneinander, und ich schaffte es, ohne Zwischenfall und mitsamt meinem Gepäck die protestantische Missionsstation zu erreichen.

Es zeichnet den erfahrenen Reisenden aus, dass er weiß, mit welchem Gastgeschenk er aufwarten muss. In Kamerun bringt man keine Flasche Wein mit, sondern einen Weihnachtspudding und eine große Dose Cheddarkäse. Mit diesen Mitbringseln wird man garantiert freundlich aufgenommen

Zu meiner nicht geringen Überraschung hatten Jon und Jeannie Berg, die für das Gebiet meiner Dowayos zuständigen Missionare, den Brief, den ich ihnen geschickt hatte, erhalten und ihre Abfahrt von Ngaoundéré um einen Tag verschoben, um auf mich zu warten. Am nächsten Tag konnten wir dann in die Berge aufbrechen.

Die Fahrt war lang und folgte dem üblichen Schema. Als wir den Rand des Steilabfalls erreichten, der die zentrale Hochebene von der Tiefebene im Norden trennt, gab es die obligaten sintflutartigen Gewitterregen. Während wir im ersten Gang und mit jaulendem Getriebe den Steilhang hinunterfuhren, stieg die Temperatur auf 38 Grad, und es wurde brütend heiß. Anschließend kam die lange Fahrt auf schlechtem Asphalt bis zu der unbefestigten Piste nach Poli.

Als wir diese erreichten, sah ich, dass sich einiges verändert hatte. Bei meiner ersten Fahrt war die Piste noch mit Felsbrocken und Kratern übersät, dass ich mich an verschiedenen Punkten gefragt hatte, ob ich irrtümlich vom Weg abgekommen sei. Jetzt hingegen hatte der Einfluss des Vertreters der Zentralregierung, des neuen Unterpräfekten, seine Spuren hinterlassen. Die Straße war sagenhaft, glatt und breit wie eine neuerbaute Start- und Landebahn, ein hellrotes Band, das sich geradlinig durch den Busch erstreckte. Sicher, länger als bis zum Ende der Regenzeit würde es nicht dauern, bis sie wieder zerfurcht und ausgewaschen war, aber für eine Stadt, die sich lange damit abgefunden hatte, vergessen und dem Verfall geweiht zu sein, stellte die Straße ein überraschendes Zeichen von Optimismus und Unternehmungsgeist dar.

Am Ende der langen Fahrt hinunter nach Poli fand ich noch mehr verändert. Auf dem Markt waren an die Stelle der bis dahin herrschenden, ziemlich groben Methoden, das Gewicht der Waren festzustellen, richtige Waagen getreten. Die Artikel waren deutlich ausgepreist. Es gab – kaum glaublich – Fleisch zu kaufen. Zugegeben, all das schien die Händler eher niederzudrücken als in Hochstimmung zu versetzen, aber auf dem Platz herrschte ein ungewohnter Betrieb.

Als wir vor der Missionsstation vorfuhren, bereitete uns Barney, der Schäferhund der Bergs, einen stürmischen Empfang, dem die begeisterte Begrüßung durch Ruben, das Faktotum, nur wenig nachstand.

Es folgte ein langer Austausch der üblichen Begrüßungsformeln nach dem Muster »Lacht Ihnen der Himmel?« – »Mir lacht er. Lacht er auch Ihnen?« und dergleichen mehr. Aber Ruben war nur mit halbem Herzen bei der Sache; seine Blicke irrten ständig zum hinteren Teil des Lastwagens ab, wo, noch unausgepackt, ein nagelneues nigerianisches Fahrrad lag.

Wie die meisten Westafrikaner litt Ruben schwer unter chronischer Verschuldung. Das war nicht einfach die Folge von zu wenig Geld und zu viel Konsumwünschen. Vielmehr handelte es sich dabei um einen traditionellen Lebensstil. Während wir im Westen unter den Belastungen stöhnen, die ein Hauskauf uns aufbürdet, verschulden sich die Afrikaner bis über beide Ohren, um sich eine Frau zu kaufen. Die westafrikanischen Zeitschriften sind voll von den Leidensgeschichten junger Männer, die gezwungen sind, große Mengen an Geld und Vieh aufzubringen, um heiraten zu können. Die Jugend geht mit dem System ins Gericht, aber niemand will der Erste sein, der seine Tochter oder Schwester weggibt, ohne etwas für sie zu kriegen. Falls er es täte, woher würde er dann seinerseits das Geld nehmen, um für sich oder seinen Sohn eine Frau zu kaufen? Und so bleibt alles beim Alten. Die Dowayos wollten es mir immer nicht glauben, wenn ich ihnen erzählte, dass »in meinem Dorf« die Töchter kostenlos abgegeben wurden. Einer der Dowayos, der über unternehmerisches Gespür, wenn auch nur über geringe ethnografische Kompetenz verfügte, fragte an, ob ich nicht eine Ladung herüberschaffen könnte. Wir könnten sie dann Heiratswilligen verkaufen und den Brautpreis einstreichen. Das klang alles höchst vernünftig.

Eine Folge der Brautpreiszahlungen bei den Dowayos ist, dass sich das ganze Land ständig im Rechtsstreit befindet. Die Zahlungen ziehen sich über viele Jahre hin, und von der ganzen Sippe des Mannes wird erwartet, dass sie dabei mithilft. Fast zwangsläufig läuft die Frau dem Mann irgendwann weg, und seis auch nur, um ihm einen Schrecken einzujagen und ihn in irgendeiner häuslichen Streitigkeit zum Nachgeben zu zwingen. Er wird dann versuchen, die Zahlungen des Brautpreises, die er bereits geleistet hat, zurückzubekommen. Die Sippe seiner Frau wird versuchen, ihn dazu zu bringen, die restlichen Zahlungen zu leisten. Seine eigene Sippe wird höflich anfragen, was aus dem Beitrag geworden ist, den sie geleistet hat. Zum Schluss wird er nicht mehr aus noch ein wissen. An ausstehende Schulden erinnert man sich Generationen lang, und sie werden von einer Generation auf die andere vererbt. Die Dowayos spinnen endlose Ränke wegen dieser alten offenen Rechnungen. Wie Schachspieler sind sie in der Lage, mehrere Züge im Voraus zu planen. Das Höchste der Gefühle ist, wenn es gelingt, eine Schuld einzutreiben, die endgültig verloren schien. Wenn also A zum Beispiel B eine Kuh schuldet, der seinerseits dem mit A befreundeten C eine schuldet, dann kann A die Kuh ohne Weiteres C geben und ihm auf diese Weise ermöglichen, eine alte Schuld einzutreiben, von der jeder gesagt hätte, er könne sie gut und gern abschreiben. Natürlich hätte B die Gefahr vorhersehen und seine Schulden mit mehr Umsicht platzieren müssen.

In solch einer Atmosphäre haltlosen Schuldenmachens kann man nicht lange leben, ohne selber in den Strudel hineingezogen zu werden. Ich stand schließlich bei der Missionsstation in der Kreide. Der Häuptling war mein Schuldner, mein Assistent hingegen schuldete seiner Frau Geld, das diese vom Regenhäuptling geliehen hatte. All das führte dazu, dass jeder Kauf oder Verkauf zu einer von Komplikationen strotzenden Aktion wurde, bei der das für die Transaktion benötigte Geld mit ziemlicher Sicherheit irgendwo unterwegs zur Begleichung einer ganz anderen Schuld liquidiert wurde, die vielleicht schon Jahre alt war.

Rubens eigene finanzielle Verhältnisse waren so kompliziert, dass sie einem multinationalen Schweizer Konzern Ehre gemacht hätten; was ihn aber nicht hinderte, sich im Verlangen nach einem Fahrrad zu verzehren. Dass er jemals genug würde sparen können, um sich eines zu kaufen, war ausgeschlossen; denn es war genau bekannt, was er verdiente und wie viel davon bereits im Voraus verplant war. Ruben hatte also ein Geheimabkommen getroffen, dass er statt einer Gehaltserhöhung für geleistete Dienste ein Fahrrad bekommen und die Erhöhung so lange unterbleiben sollte, bis das Fahrrad bezahlt war. Damit wurde ihm natürlich ein nicht unbeträchtliches zinsloses Darlehen gewährt, vor allem aber eröffneten sich ganze Welten neuer Schuldnerschaften und Verpflichtungen, die niemand vorhersehen konnte – jedenfalls niemand außer Ruben.

Abgesehen von seinem enormen Gewicht, zeichnete sich dieses besondere Fahrradmodell durch die Schrauben aus, mit denen es ausgerüstet war. Diese bestanden aus einer merkwürdigen Legierung, die wahrscheinlich eigens für den Zweck hergestellt war. Wie dem auch sei, die Schrauben trieben einen dadurch zur Weißglut, dass sie einfach abbrachen, wenn man versuchte, sie los- oder festzudrehen. Die Folge war, dass sich mit der ungefähr 150 Kilometer entfernten Stadt ein reger Ersatzteilhandel entspann. Von mir selbst, den Missionaren, dem Doktor und den Lehrern, kurz, von jedem, der auf Reisen ging, wurde erwartet, dass er sich als Einkäufer für Ersatzteile betätigte. Im Lauf der Jahre hatte sich das Modell stark verändert, die Schraubengröße hatte gewechselt, und man konnte nie sicher sein, ob ein neues Teil passen würde oder nicht. Selbstverständlich wurde für jede Unzulänglichkeit der gelieferten Ersatzteile der Zwischenträger verantwortlich gemacht.

Wann immer das Fahrrad seine Mucken hatte, machte Ruben ein trauriges Gesicht und ließ überall im Haus tiefe und bewegende Seufzer hören, bis man meinen konnte, in einer Leichenhalle zu sein. Schließlich war es nicht mehr auszuhalten, und es wurden ihm auf Kredit neue Teile besorgt, woraufhin sein Gesicht erstrahlte und munterer Gesang das Haus erfüllte. Irgendwie gelang es ihm stets, ein Gefühl heimlicher Schuld in uns zu erzeugen, weil wir ihm ein so fehlerhaftes Fahrrad besorgt hatten.

Es dauerte nur wenige Wochen, da kam ein Dowayo im Dorf zu mir und bat mich, ihm Geld zu leihen, weil Ruben eine Möglichkeit habe, an Ersatzteile heranzukommen, aber auf Barzahlung bestehe. Ich bin der Sache nie weiter nachgegangen, hege aber den Verdacht, dass gegen ein kleines Entgelt Teile von Rubens Rad gegen Teile von denen seiner Klienten ausgetauscht wurden. Das schadhafte Teil konnte dann von Ruben als Beweisstück dafür vorgelegt werden, wie wenig das von Jon gekaufte Fahrrad taugte. Jon beschaffte daraufhin prompt Ersatz, den er Ruben auf Kredit überließ, der seinerseits bei seinen Kunden auf sofortiger Bezahlung bestand und sich außerdem den geleisteten Dienst honorieren ließ. Er hatte sein Rad in eine Bank umgemünzt.

Jon hatte indes andere Sorgen und kümmerte sich nicht um Rubens Finanzspekulationen. Meine eigenen katastrophalen Versuche, dem dortigen Erdreich Früchte zu entlocken, hatten ihn nicht davon abschrecken können, auf dem Hang unterhalb seines Hauses einen Garten anzulegen. Ein ganzes System von Barrieren und Verhauen war errichtet worden, um plünderndes Rindvieh fernzuhalten, das für seine verheerenden Einbrüche berüchtigt war. In dem Garten sprossen Melonen, Bohnen, Erbsen und alle möglichen exotischen Pflanzen und zogen die Blicke der Vorüberziehenden auf sich. Jeder machte halt, um seinen Senf dazuzugeben. Wie bei Bauern auf der ganzen Welt üblich, prophezeiten die meisten nichts Gutes. Aber Jon ließ sich nicht beirren, und das Gießen der Beete war für ihn ein abendliches Ritual, das ihm eine tiefe Befriedigung nebst Blasen an den Händen verschaffte. Wie ich damals auch, sah er zweifellos riesige süße Erbsen und köstliche Fruchtsäfte vor sich und schwelgte in Gedanken daran, während er schuftete.

In den Tropen geht die Sonne rasch unter und macht nach kurzer Dämmerung tiefer Finsternis Platz. Ein Dreiviertelmond stieg mit unanständiger Hast über den gezackten granitenen Berggipfeln auf. Drüben in den Bergen bezeichneten leuchtend rote Punkte die Buschfeuer, mit denen das verwilderte Gras abgeflämmt wurde, um Platz für neues Wachstum zu schaffen. Die Hitze, das Sirren von Millionen Zikaden, das sanfte Mondlicht, all das machte aus der Veranda einen idealen Platz zum Eindösen. Aus dem Garten hörte man Jon, dem seine schwellenden Melonen selige Gluckser entlockten; aus dem Hinterhof drang Rubens verzücktes Lachen, als er über den schimmernden schwarzen Lack seines strahlenden neuen Fahrrads strich, des ersten vollständig neuen Gegenstands, den er je in seinem Leben besessen hatte. In der Küche mühte sich Marcel, der französische Koch, verzweifelt mit einem englischen Weihnachtspudding ab und flehte den Himmel um Regen an. Alles schien haargenau wie immer.

3
Dem Kaiser geben …

Die Ankunft in einer westafrikanischen Stadt zieht für den Europäer eine Reihe von »Formalitäten« nach sich, die zu vernachlässigen riskant für ihn ist. Ihre Erledigung verlangt von ihm eine merkwürdige Mischung aus Überheblichkeit und Selbsterniedrigung. Den normalen Besucher verwundert es natürlich, dass die Behörden sich für seine Anwesenheit in ihrer liebreizenden Stadt überhaupt interessieren. Aber falls er versäumt, sich gemäß den Vorschriften zu verhalten, kann es ihm leicht passieren, dass er als Spion »enttarnt« wird oder ihm noch Schlimmeres widerfährt. Ganz ähnlich wie früher in Europa die Reisenden an strategisch wichtigen Stellen vorsprachen und ihre Visitenkarten abgaben, muss er also seine Runde durch die Stadt machen und seine Ankunft vermelden, was eine ziemlich deprimierende Sache ist.

Mein erster Besuch galt, wie nicht anders möglich, dem Polizeichef. Mit allen einschlägigen Dokumenten bewaffnet, machte ich mich auf.

Unterwegs zur Stadt begegnete ich vielen bekannten Gesichtern. Bei manchen handelte es sich um Dowayos, bei anderen um Bewohner der Stadt, die fulbischer* Herkunft waren oder

---

* Die Fulbe, auch Fulani oder Peul genannt, sind eine Gruppe von Völkern in Westafrika und im nördlichen Zentralafrika, die Ful sprechen, äthiopide

aus dem Süden stammten. Höflich erkundigten sie sich nach dem Befinden meiner Frauen und meiner Hirse. Dasselbe tat ich bei ihnen. Als ich das erste Mal nach Afrika kam, hatte ich mit großer Verblüffung feststellen müssen, dass ich die einzelnen Afrikaner nicht auseinanderhalten konnte, weil ihre äußerliche Fremdartigkeit mich überwältigte. Es ging mir ungefähr so wie in einer Galerie mit Porträts von Herren in Perückentracht. Ist man beim dritten angekommen, so hat man die beiden vorherigen schon wieder vergessen. Jetzt freute ich mich, dass ich mich an die Namen der Leute, die ich ja länger nicht gesehen hatte, erinnerte, bis ich an einen Mann geriet, dem ich augenscheinlich gut bekannt war, während mir sein Anblick absolut nichts sagte. Beschämt merkte ich schließlich, dass ich ihn deshalb nicht erkannt hatte, weil er ein anderes Hemd trug. Die meisten Dowayos besitzen für den Alltagsgebrauch nur ein einziges Hemd, das sie deshalb zwangsläufig immer anhaben. Gewöhnlich waschen sie zwar sich selber, wenn sie von der Feldarbeit nach Hause gehen, ihre Kleider aber waschen sie fast nie, sondern tragen sie, bis sie ihnen vom Leib fallen, und manchmal sogar noch länger. Wer neu im Land ist, lernt die Leute eher an ihren Kleidern als an ihrem Aussehen zu unterscheiden.

Auf der Polizeistation fand ich zwei, drei muntere junge Männer in ausgebeulten Khakiuniformen vor, die dort herumlungerten und ihre Stiefel ausgezogen hatten, um ihren Füßen eine Erholungspause zu gönnen. Sie zeigten sich gegenseitig diverse Narben und Wunden an den Zehen und Fersen, wobei jede die Erinnerung an irgendeine Verletzung oder abenteuerliche Begebenheit wachrief.

»Hier hat mich eine Schlange gebissen. Alle haben gestaunt, dass ich es überlebt habe.«

Nomaden und negride Sesshafte umfassen und bereits in der Vergangenheit Staaten bildend waren.

»Hier bin ich beim Training von meinem Motorrad gestürzt. Die Schmerzen waren gewaltig.«

Afrika spielt den Füßen übel mit.

Ein einsamer Gefangener summte vor sich hin, während er die Steine weißte, die der Fahnenstange als Einfassung dienten. Droben hing die Fahne schlaff in der windstillen Luft.

Einer der Rekruten, der mich von meinem letzten Besuch her kannte, begrüßte mich. Er war eifriger Christ und machte einen Fernkurs in Französisch. »Willkommen. Sie sind wieder da. Wie heißt jemand, der eine Getreidemühle besitzt, auf Französisch?« Er kaute an seinem Bleistift und sah besorgt drein.

Von drinnen kam ein Korporal, der entschieden weniger umgänglich war als die Nichtstuer. Als Erstes teilte er mir warnend mit, ich befände mich auf Regierungsgelände und dürfte keine Fotos machen. Da ich keinen Fotoapparat mithatte, war der Hinweis überflüssig, wurde aber mit gebührender Demut entgegengenommen. Sodann wurde mein Pass inspiziert, wobei diese Aktion von vielen argwöhnischen und unmutigen Blicken begleitet war und mehrfach erforderte, dass Stempel prüfend gegen das Licht gehalten wurden. Bedauerlicherweise war der Chef in einer wichtigen und heiklen Mission nach Garoua gefahren. Äußerstenfalls konnte mir erlaubt werden, meinen Namen in das große Buch für die Fremden einzutragen. Wie lange würde er weg sein? Hatte es Sinn zu warten? Das ließ sich nicht sagen, aber sie würden das Polizeihauptquartier in Garoua anrufen, um festzustellen, ob er schon wieder abgefahren war. Ein riesiges Radio wurde aus dem Inneren eines Schranks hervorgezaubert, und der Korporal fing an, in den fauchenden Apparat, der einen Schwall von atmosphärischen Störungsgeräuschen produzierte, hineinzuschreien. Eine leise Stimme wie von einem Ertrinkenden war zu hören, die mit großer Ausdauer etwas wiederholte und dann in einer kurzen Pause klar und deutlich mit der Frage zu vernehmen war: »Was wünschen Sie?«, worauf der Korporal noch mit einem »Wer?«, konterte, ehe die atmosphärischen Störungen wieder wie dichter Nebel hereinbrachen.

»Ungünstige Wetterbedingungen«, verkündete der Korporal mit einer Stimme, die keinen Widerspruch duldete, und klappte die Antenne zusammen. Wir blickten beide auf den strahlend blauen Himmel über den Bergen. Weitere Bemerkungen waren unratsam, deshalb rüstete ich zum Aufbruch.

In diesem Moment hielt draußen ein einigermaßen mitgenommener Landrover in einer Staubwolke. Sein grünes Segeltuchdach war durch ein himmelblaues aus heimischer Fertigung ersetzt worden, was dem Fahrzeug einen Anstrich von Ferienlager verlieh. Diesem Gefährt entstieg der Chef, leicht erhitzt und staubig, aber mit dem Gehabe eines Mannes, der im Bewusstsein heimkehrt, gute Arbeit geleistet zu haben.

»Ich kann mich jetzt unmöglich mit Ihnen unterhalten«, erklärte er. »Ich habe wichtige Vorräte besorgen müssen. Kommen Sie morgen um elf wieder.«

Im Gehen äugte ich hinten in den Wagen. Wie ich mir gedacht hatte, war er mit Bier vollgestopft. Weitere Erkundigungen brachten mir zu Ohren, dass das Gefährt benutzt wurde, um das Bier in die ungefähr 50 Kilometer entfernten Dörfer am Faro-Fluss zu transportieren, die sonst alkoholisch auf dem Trockenen saßen. Dort, wurde behauptet, erzielte der Gerstensaft sagenhafte Preise.

Wenn dem so war, dann handelte es sich bei dieser Tätigkeit des Polizeichefs um eine seiner eher wohltätigen Amtsverrichtungen, und den kleinen Gewinn, den er unter so großem persönlichem Risiko einstrich, hatte er sich ohne Frage redlich verdient.

Am anderen Ende der Stadt hatte sich der Amtssitz des Unterpräfekten, den ich als muffig und trist in Erinnerung hatte, durch einen neuen Außenanstrich herausgeputzt. Weißgewandete Schreibergestalten schlurften in Sandalen von Raum zu Raum, die Hände voll mit Papieren. Zugegeben, ihre Gangart war nicht gerade rasch zu nennen, aber es war das erste Mal, dass sich in diesem Haus überhaupt etwas bewegte. Der Angestellte, der über den Zutritt wachte, teilte mir mit, der Unterpräfekt sei nicht zu sprechen. Da er aber ein Dowayo war, verriet er mir, ich würde ihn vielleicht finden, wenn ich beim Stadtoberhaupt vorbeischaute.

In vielen Teilen Kameruns fanden die Kolonialmächte bei ihrer Ankunft ein politisches System vor, bei dem eine islamische Fulbe-Oberschicht über heidnische Volksgruppen herrschte. Es schien ihnen das Bequemste, dieses System auch auf jene Landesteile auszudehnen, die wie Poli von den fulbischen Eindringlingen nicht erreicht worden waren. Heute gibt es also ein fulbisches Oberhaupt in der Stadt, das dem Einheimischengericht vorsteht und die Oberhoheit über das ganze Gebiet beansprucht. Die dort ansässigen Dowayos ärgern sich sehr darüber und wollen so wenig wie möglich mit ihm zu tun haben. Was sie angeht, so sind *sie* von den Fulbe nie unterworfen worden. In ihren Dörfern würde das Stadtoberhaupt bestimmt nicht freundlich aufgenommen.

Bei meinem früheren Aufenthalt hatte ich den Inhaber dieses Amtes nicht gerade ins Herz geschlossen. Als Eigentümer des Postwagens monopolisierte er praktisch den Transportverkehr zwischen Poli und den großen Städten. Die engen Beziehungen, die er zum früheren Unterpräfekten unterhielt, hatte er eifrig genutzt, um sicherzustellen, dass keine Buslinie eingerichtet, kein Benzin an andere verkauft und niemandem außer ihm gestattet wurde, Passagiere zu befördern. Da es die Aufmerksamkeit der Polizei auf sein stets widerrechtlich überladenes Auto lenken musste, wenn sich ein Ausländer darin befand, hatte er immer alles Menschenmögliche getan, um meine Mitfahrt zu verhindern, und war dabei so weit gegangen, während meiner Abwesenheit von der Stadt die Haltestellen zu verlegen oder Abfahrtstage zu verschieben. Einen weiteren Reibungspunkt hatten seine unverhohlenen Versuche gebildet, mich für die Einheitspartei Kameruns als Mitglied zu werben – wofür er eine Provision erhielt.

Die Zeit hatte indes der Feindschaft zwischen uns die Schärfe genommen, und so beschloss ich, den Unterpräfekten in seinem Versteck aufzuspüren. Mich verfolgte der schreckliche Gedanke, irgendwo in den Bergen sei vielleicht die Beschneidungszeremonie schon im vollen Gange, während ich hier in der Stadt meine Zeit vertrödelte.

Vor dem Haus des Stadtoberhaupts musste ich reichlich lange in die Hände klatschen, ehe ein kleiner Junge auftauchte und davonflitzte, um mein Erscheinen zu melden. Nachdem ich gebührend lange hatte warten müssen, wurde ich in eine kleine runde Hütte geführt, deren Boden aus Kies bestand. Die Wände waren mit geometrischen Motiven aus der Fulbe-Kunst bemalt, und das Ganze machte den Eindruck einer sauberen und angenehmen Behausung. Auf dem Boden waren Matten ausgebreitet, auf denen der Stadtobere und der Unterpräfekt lagen. Sie hörten arabische Musik aus dem Radio. Als ich eintrat, ließ der Erstere eine Flasche Whisky geschickt in seinen Gewändern verschwinden. Es schien jahrelange Übung hinter dieser Bewegung zu stecken.

Der Unterpräfekt erhob sich und begrüßte mich. Er grinste und sagte etwas auf Fulbisch zum Stadtoberen, der ein finsteres Gesicht machte, die Flasche herauszog und mir ein kleines Quäntchen Whisky in ein Glas schenkte, das den Aufdruck »Grüße aus Cannes« trug. Wir ließen uns nieder, und der Unterpräfekt fing in perfektem Französisch an, über die Dinge zu sprechen, die er mit der Stadt vorhatte. Seine Augen funkelten begeistert hinter den Brillengläsern, während er mir von Wasserleitungen und der Wiederherstellung der Stromversorgung erzählte (das alte Stromnetz hatte man nach dem Abzug der Franzosen verfallen lassen). Er wollte unbedingt binnen zwei Jahren eine Telefonverbindung installieren. »Ich sehe es als meine Aufgabe an, Leben in die Sache zu bringen«, erläuterte er. »Meinem Freund hier«, er deutete auf das Stadtoberhaupt, »habe ich bereits klargemacht, dass dieses Haus möglicherweise abgerissen werden muss, um meinem Fernsprechamt Platz zu machen.« Er kicherte boshaft, was der Stadtobere mit dem Versuch eines matten Lächelns beantwortete.

»Ich bin entschlossen, die Dowayos auf Trab zu bringen. Von Ihnen erhoffe ich mir diesbezüglich nützliche Informationen.«

Die Moral in der Ethnologie ist ein heikles Problem. Normalerweise bemüht sich der Ethnologe, die Leute, die er erforscht, so wenig wie möglich zu beeinflussen, aber er weiß natürlich, dass seine Tätigkeit ihre Spuren hinterlässt. Im günstigsten Fall kann er einer demoralisierten Randgruppe wieder ein bisschen Selbstwertgefühl und Sinn für den Wert ihrer eigenen Kultur vermitteln. Aber einfach dadurch, dass er über eine bestimmte Volksgruppe die maßgebende Monografie schreibt, konfrontiert er diese Leute mit einem Selbstbild, das wohl oder übel von seinen eigenen Vorurteilen und vorgefassten Ansichten geprägt ist, weil es ja im Verhältnis zu fremden Völkern so etwas wie eine objektive Realität nicht gibt. Wie sie auf dieses Selbstbild reagieren, lässt sich nicht vorhersagen. Es kann sein, dass sie davon nichts wissen wollen und es ablehnen. Es kann aber auch sein, dass sie sich verändern, um ihm besser zu entsprechen und zu Akteuren einer verknöcherten Selbstdarstellung zu werden. Im einen wie im anderen Fall bleibt die natürliche Unschuld auf der Strecke, jene unmittelbare Gewissheit, dass man etwas so macht, weil es *so und nicht anders* gemacht wird.

In der Kolonialzeit war das Verhältnis zwischen Ethnologen und Verwaltungsbehörden immer sehr prekär, weil die Letzteren die Ersteren benutzen wollten, um die Menschen zu verändern. Wie es schien, passierte mir jetzt dasselbe. »Warum sind die Dowayos so faul?«, wollte er wissen.

»Warum sind Sie so voller Energie?«, gab ich zurück. Er lachte.

Er wedelte mit dem Exemplar eines Buches von Frau Gandhi. »Ich habe dieses Buch der Tochter von Gandhi gelesen. Sie sagt viele kluge Dinge über die Übel des Kolonialismus.«

Ich erzählte ihm, dass Frau Gandhi nicht Gandhis leibliche Tochter sei. Er machte einen bestürzten Eindruck. »Aber wie kann das sein? Das ist unehrlich. Sind Sie sicher?«

Fast jedes Mal, wenn wir uns hiernach trafen, wollte er wieder von mir wissen, ob Frau Gandhi denn nun Gandhis leibliche Tochter sei oder nicht. Allmählich wurde ich selbst unsicher, weil seine besorgten Erkundigungen meine frühere Sicherheit erschütterten. Wie es schien, war in seinen Augen diese Frage für den Wert des Buchs von ausschlaggebender Bedeutung. Als ich nach England zurückkehrte und von Freunden am Flughafen abgeholt wurde, müssen die sich nicht schlecht gewundert haben, als meine erste Frage an sie war: »Wisst ihr über Frau Gandhi Bescheid? Ist sie eigentlich die leibliche Tochter…?«

Ich erwähnte gegenüber dem Unterpräfekten, dass ich gerade beim Polizeichef gewesen war, und fragte mich, ob er wohl über den Bierhandel, den dieser betrieb, Bescheid wusste. Er kicherte. »Er hat Sie einmal ganz schön in die Mangel genommen.«

Der Unterpräfekt spielte auf eine frühere Begebenheit an, als ich mich nachts im Busch verirrt hatte und im Bestreben, das nächstgelegene Licht zu erreichen, hinter dem Haus des Assistenten des Polizeichefs gelandet war. Letzterer war sofort felsenfest davon überzeugt gewesen, dass ich ein Spion sei, und hatte mir beim Verhör so zugesetzt, dass mir mehrfach angst und bange wurde.

»Er ist ein guter Mann«, sagte der Unterpräfekt, »vielleicht gelegentlich ein bisschen übereifrig.« Er grinste, beugte sich vor und gab mir einen Stups, hinter dem die gesammelte Weisheit von Frau Gandhi stand: »Ich habe ein Auge auf ihn gehabt, wissen Sie. Ich hätte schon dafür gesorgt, dass Ihnen nichts passierte.«

Ich dankte ihm vielmals und verabschiedete mich. Ich mochte ihn mehr denn je und war froh, dass er all jene Lügen gestraft hatte, die überzeugt gewesen waren, am störrischen Widerstand der Bewohner von Poli werde sein Optimismus rasch zerbrechen. Das Stadtoberhaupt hatte nicht ein Wort gesagt und gab mir nur widerwillig die Hand, als ich mich zurückzog.

Auf der Straße fielen die ersten Regentropfen, große nasse Tropfen, die über die Erde wie über eine heiße Metallfläche rollten. Ich stapfte durch den dicken Staub der Trockenperiode, und plötzlich wimmelte die Straße von kleinen Jungen, die außer sich vor Freude schrien und umherstürzten und ihre Gewänder in den Regen hielten, einfach nur um des Vergnügens willen, die Nässe und Kühle auf der Haut zu spüren.

Als ich bei der Brücke zur Missionsstation ankam, war der Fluss bereits ein reißender Strom, und es war unmöglich hinüberzukommen. Die Strömung war so gewaltig, dass einem die Beine regelrecht unter dem Körper weggespült worden wären. Außerdem war ich nicht erpicht darauf, meine in England mit so viel Sorgfalt vom Ungeziefer befreiten Füße (»Schau mal, hier hatte ich Fadenwürmer. Hier haben sie mir Sandflöhe entfernt«) in das erste Hochwasser des Jahres zu stecken. Bekanntlich wurde mit dieser ersten Flut der gesammelte Unrat und Ansteckungsdreck eines ganzen Jahres das Flussbett heruntergeschwemmt.

Als ich schließlich bei der Missionsstation ankam, brach schon die Dunkelheit herein. Die einzigen trockenen Kleider, die ich finden konnte, waren lange fulbische Gewänder, die Jon und Jeannie sich als Andenken gekauft hatten. Marcel und Ruben wollten sich totlachen, als sie mich in diesem Aufzug sahen, und verfolgten mich unbarmherzig mit den Rufen *Lamido, lamido* (»Häuptling, Häuptling«).

4
Und noch einmal auf in den Kampf

Nachdem ich mir Rückendeckung bei den Behörden verschafft hatte, brauchte ich nur noch Matthieus, meines früheren Assistenten, habhaft zu werden, dann waren wir wieder ein funktionierendes Unternehmen. Aus langatmigen Briefen, die mich in England erreicht hatten und in denen Brautpreisprobleme eine große Rolle spielten, wusste ich, dass er sich bemühte, Aufnahme in den Zolldienst zu finden. Das, hatte er mir anvertraut, war ein todsicherer Weg zum Wohlstand. Allerdings hatte er große Angst, auf einen Posten in irgendeine ferne Grenzregion geschickt zu werden, weit weg von seinen Stammesgenossen und mitten unter die »Wilden im Busch«, die bestimmt entsetzliche Sitten hatten und schreckliche Sachen aßen. Gab es droben im Norden des Landes überhaupt Christen? Er war sich nicht sicher.

Erkundigungen bei der schmucken Jugend des Dowayolands, die auf der einen und einzigen Straße der Stadt auf und ab flanierte und um die Adamoua-Bar herumlungerte, ergaben, dass er monatelang auf die Ergebnisse seiner Aufnahmeprüfung gewartet hatte und dann der Sünde der Verzweiflung verfallen und in sein Dorf zurückgekehrt war. Ich beschloss, ihn dort aufzuspüren.

Wieder einmal kam mir die Missionsstation zu Hilfe und ersparte mir einen langen anstrengenden Marsch hinaus in Richtung Fluss, wo ich hoffen konnte, von einem vorbeifahrenden Lastwagen mitgenommen zu werden. Man besorgte mir zu einem Mietpreis, der sich sehen lassen konnte, einen schönen Transporter, und ich nahm mir fest vor, in aller Frühe am nächsten Tag loszufahren, und malte mir voll Vorfreude aus, wie menschenleer und abgeschieden der Busch sein würde.

Es gibt indes einen merkwürdigen Nachrichtendienst, dessen Wachsamkeit solche Unternehmungen nicht entgehen. Als ich am nächsten Tag im ersten kalten Licht der Morgendämmerung aus dem Haus trat, wartete da eine Gruppe von Menschen nebst einem Haufen Gepäck, die genau Bescheid wussten, wo ich hinwollte, und entschlossen waren, bis dorthin mitzufahren, womöglich sogar noch weiter. Man gewöhnt sich rasch an die Unausweichlichkeit dieser Reisebegleitertrupps. Sie nicht in Erscheinung treten zu sehen, wäre fast schon unheimlich gewesen – wie plötzliche Stille in einem Raum voller Menschen. Nein zu sagen war natürlich ausgeschlossen. So stiegen wir unter wildem Gedränge und Geschrei ohne viel Umstände ein. Ich musste sehr entschieden darauf bestehen, dass mir genug Platz blieb, um Schalthebel und Handbremse zu erreichen, und auch dann wurde meinem Ansinnen nur mit größtem Widerwillen stattgegeben. Ich verkündete in aller Form, wohin meine Reise ging. Jedermann nickte zustimmend mit dem Kopf. Wussten sie ja. Das war doch klar. Warum fuhren wir nicht endlich los? Bündel mit Yamswurzeln, Kleidern und wütenden Hühnern, deren Füße zusammengebunden waren, um einen Henkel zum Tragen zu haben – all das wurde untergebracht, und dann brachen wir auf. Die Reise verlief ohne besondere Vorkommnisse. Es gab nur einen kurzen Streit, weil die Hühner einer der Frauen das Kind einer anderen pickten. Ein Passagier ließ uns, während wir ins Land hinausfuhren, noch einmal anhalten, und zerrte aus einem Versteck seine Frau und sechs große Bündel unbekannten Inhalts. Dieser Trick wurde von allen übrigen heftig missbilligt, und also ließ der Mann seine Frau stehen und fuhr allein mit uns weiter. Erdnüsse wurden herumgereicht und mit lautem Schmatzen genossen, wobei allerhand Scherze über ihre abführende Wirkung bei Frauen gemacht wurden.

Plötzlich ein Anblick, bei dem ich auf die Bremse trat und vor Aufregung laut schrie. Ich sah eine bizarre, unförmige Gestalt, die rasch im Gehölz untertauchte. Auf den ersten Blick wirkte sie annähernd kegelförmig und etwa einen Meter achtzig groß. Sie bestand aus einem großen Kegel aus Korbgeflecht, der mit Blättern und Kletterpflanzen bedeckt und mit je zwei Armen und Füßen versehen war, und schwankte gefährlich hin und her, während sie in den Busch sauste. Von Schilderungen wusste ich, dass ich es nicht mit einem Trugbild, einem Ungeheuer oder einem überdimensionierten Grünen Männchen zu tun hatte. Es handelte sich um einen Jungen, an dem einige Monate vorher die Beschneidung vorgenommen worden war und der jetzt unter diesem Schutzschild, der ihn dem Blick der Frauen entzog, umherging.

Ich deutete auf das raschelnde Dickicht. »Wann ist dieser Junge beschnitten worden?« Sofort brach ein allgemeines bestürztes Gekicher aus, und man leugnete, dass im Busch überhaupt etwas zu sehen gewesen sei. Die Frauen wandten die Augen ab oder schlugen die Hände vors Gesicht. Malträtierte Hühner kreischten. Ein Kind wimmerte. Ich wusste genau, dass in Anwesenheit von Frauen über diese Dinge nicht gesprochen werden durfte, aber ich war rasend und musste mir Gewalt antun, um nicht mit den enttäuschten Fragen, die mir auf der Zunge lagen, herauszuplatzen. Schließlich hatte ich deswegen die ganze lange Reise gemacht. Hatte ich also das Ritual um mehrere Monate verpasst, war es bereits vorbei?

In trübe Gedanken versunken, fuhr ich weiter, bis wir den

Abzweig erreichten, der zu Matthieus Dorf führte. War das hier nicht der Pfad? Ich sah mich fragend um. Allgemeines schweigendes Kopfschütteln. Bis zu dem Mann, den der *patron* suche, seien es bestimmt noch etliche Kilometer. Es empfehle sich ohnehin, zur katholischen Missionsstation durchzufahren, die nur noch sieben oder acht Kilometer entfernt sei. Dort könne man sich dann in aller Ruhe erkundigen. Diese Buschdörfer sähen alle gleich aus. Es lasse sich von mir nicht erwarten, dass ich das eine vom anderen unterscheiden konnte. Allgemeines Nicken.

Es war Pech für meine Mitfahrer, dass in diesem Augenblick Matthieus Mutter aus dem hohen Gras aufzutauchen beschloss. Während ich mit ihr sprach, verschwanden sie still und heimlich von der Bildfläche. Jawohl, ihr Sohn war zu Hause. Sie würde mich zu ihm aufs Feld führen.

Matthieu war über seine Hacke gebeugt, mit der er auf die Wurzeln eines widerspenstigen Unkrauts einhieb. Er wirkte wie eine symbolträchtige Verkörperung der ganzen Mühsal des schwarzen Kontinents. Kein grüner glänzender Anzug mehr.

Sein Gesicht war schweißüberströmt und erheblich schmaler als zur Zeit seiner Anstellung bei mir. Aus seiner Kehle drang rasselnd ein Begleitlied zur Feldarbeit. Die Dowayos begleiten die meisten rhythmischen Tätigkeiten mit Gesang, wodurch sie die langweilige, monotone Arbeit in eine Art Tanz verwandeln. Sein Vater, ein verhutzelter alter Mann, der das Aussehen eines Seeräubers hatte, sah mich als Erster, klopfte Matthieu auf die Schulter und deutete zu mir hin. Matthieu ließ seine Hacke fallen und rannte quer über das Feld mit ausgestreckten Armen auf mich zu, als wollte er die Anfangsszene von »The Sound of Music« parodieren.

»Sie sind wieder zurück?«

»Ich bin wieder zurück.«

»Sie wollen arbeiten?«

»Ich will arbeiten. Ich bin nur für drei Monate da. Kommst du mit?«

»Ich komme mit.«

Wie bei halbwüchsigen Söhnen auf der ganzen Welt üblich, durchkreuzte Matthieu alle meine Versuche, mit seinem Vater zu sprechen. »Ich sage ihm, dass ich gehe. Lassen Sie nur.«

Wir zogen uns in Matthieus neue Hütte zurück. Als die Dowayos eine neue Hütte für mich gebaut hatten, durfte sie auf keinen Fall rund sein – wie ihre eigenen Behausungen –, sondern musste wie die Schule, die Polizeistation und das Gefängnis quadratische Form haben. Für einen Weißen wäre es höchst unschicklich gewesen, in einer runden Hütte zu leben.

Matthieu hatte sich eine Nachbildung meiner Wohnung gebaut, eine quadratische Hütte, die nur eine Spur größer als die gewöhnlichen Hütten war, aber deutlich machte, dass ihn seine Verbindung zu mir in einem gewissen Maß Distanz zu seiner eigenen Kultur hatte gewinnen lassen.

Wir sprachen über die neuesten Nachrichten. Wie eh und je drehte sich Matthieus ganzes Denken um die Brautpreisfrage. Seine Pläne, ein zwölfjähriges Mädchen zu heiraten, waren ins Wasser gefallen, weil die Familie des Mädchens gar zu hohe Forderungen gestellt hatte. Da sie wussten, dass Matthieu für mich gearbeitet hatte, gingen sie ohne Weiteres davon aus, dass er reich sein müsse. Matthieu sah mich traurig an. In seinem Blick konnte ich den Vorwurf lesen. Ich stöhnte innerlich, weil ich wusste, dass die Bitte um einen Beitrag zum Brautpreis nicht lange auf sich warten lassen würde. Ich würde außerstande sein, ihm die riesige Summe, die nötig war, zu geben, würde schließlich ein bisschen was zahlen, und das Ende vom Lied würde sein, dass ich mich ebenso ausgenommen wie schuldig fühlen würde. Zu guter Letzt kamen wir auf das Thema Beschneidung zu sprechen. Das war immer ein heikler Punkt für Matthieu. Da er ein Christ war und moderne Ansichten vertrat, hatte er die Operation unter Narkose im Krankenhaus machen lassen, statt sich der Tortur der traditionellen Genitalverstümmelung zu unterziehen. Dafür musste er nun ein Leben lang den Spott der anderen Dowayos ertragen, die ihm Feigheit vorwarfen. Außerdem würde er viele Krisen in seinem Leben allein überstehen müssen, weil ihm jene Gruppe von »Beschneidungsgenossen« fehlte, die das Beschneidungsritual gemeinsam durchgemacht hatte und ihren Mitgliedern bei der Erfüllung der wichtigsten rituellen Pflichten beistand.

Er bestritt jede Kenntnis von dem, was in den Gebirgsdörfern im Gange war, versprach aber, sich zu erkundigen und in drei Tagen wieder bei mir zu sein. Könne er währenddessen vielleicht einen Vorschuss auf sein Gehalt bekommen …?

Als ich zurück zur Straße kam, hatte sich dort auf mysteriöse Weise eine neue Gruppe von Dowayos zusammengefunden, die in die Stadt wollten. Darunter befand sich auch Gaston, der aus dem Dorf stammte, in dem ich gelebt hatte. Sein Fahrrad hatte er prachtvoll mit Girlanden aus Packpapier und Plastikblumen geschmückt. War das Fahrrad neu? Er sah verlegen aus. Nein, *patron.* Aber in der Missionsstation gab es jemanden, der tatsächlich ein neues Fahrrad hatte, und von dem hatte Gaston das Packpapier gekauft, um sein Rad damit zu schmücken, sodass die Leute glauben mussten, es sei gleichfalls neu.

Passagiere, Fahrrad, Yamswurzeln und Hühner wurden ins Auto gepackt, aber gegen eine Ziege verwahrte ich mich entschieden, bis der Besitzer beleidigt mit ihr abzog.

Gaston sprach Französisch – wir konnten uns also über die Beschneidung unterhalten, da keine der Frauen Französisch verstand. Verstohlenen Blickes und im Flüsterton unterhielten wir uns über den Jungen, den ich auf der Hinfahrt gesehen hatte. Wie es schien, musste ich mir keine Sorgen machen. Der Junge war kein Dowayo. Er war ein Pape, gehörte zu einem Nachbarstamm mit ähnlichen Bräuchen. Sie führten die Beschneidung zu einem etwas anderen Zeitpunkt durch. Was ihn so weit nach Osten verschlagen hatte, war unbegreiflich. Hier würde ihm bestimmt niemand etwas zu essen geben. Es war unerhört, dass er hier herumstromerte und die Fruchtbarkeit der Dowayo-Frauen in Gefahr brachte statt die der Pape-Mädchen. Wenn man ihn erwischte, würden ihm die Männer eine Abreibung verpassen. Gaston war rot vor Zorn.

Gaston hatte gehört, dass tatsächlich geplant war, die Zeremonie drüben beim Berg des Regenhäuptlings abzuhalten, wusste aber nicht, wann. Er wollte sich erkundigen. Ein Vetter von ihm gehörte zu den Beschneidern und würde garantiert an jedem derartigen Ereignis teilnehmen, weil eine Menge Jungen davon betroffen waren. Ich setzte ihn zusammen mit seinem geschmückten Fahrrad an der Abzweigung nach Kongle ab und bat ihn, dem Häuptling Zuuldibo auszurichten, dass ich ihn am nächsten Tag besuchen würde.

Dazu war ein Geschenk notwendig. Ich musste ein bisschen Bier besorgen. In der Bar in Poli hatten sich die Lehrer bereits für den Rest des Tages häuslich niedergelassen. Wie üblich stritten sie sich über finanzielle Dinge. Diesmal ging es indes bei dem Streit nicht um die völlig unberechenbaren Steuerabzüge, die das Finanzamt an den Gehältern vornahm, sondern um die Frage der korrekten Bestechungssumme für die illegale Einfuhr eines Motorrads aus Nigeria. Ich spitzte die Ohren. Das interessierte vielleicht Matthieu.

In der ganzen Stadt kursierten Gerüchte, dass eine Ladung eingetroffen sei. Offenbar war jemand zufällig am gegenüberliegenden Ufer des Faro auf einen liegen gebliebenen Lastwagen gestoßen, der mit Reifen und Motorrädern voll beladen war. Er schaffte es, den Schmugglern, die ihn verfolgten, lebendig zu entkommen. Als er am nächsten Tag noch einmal voll Angst die gleiche Strecke entlangschlich, war von dem Lastwagen keine Spur mehr zu finden. Sogar die Reifenabdrücke waren verschwunden. Aber die Ladung war – niemand wusste wie – in Poli eingetroffen. Die Polizei stellte Nachforschungen an, um herauszufinden, welche Lastwagen in jüngster Zeit die Stadt in Richtung Fluss verlassen hatten. Mich und den Lastwagen, den ich fuhr, bedachte sie mit einem Blick, der Bände sprach.

Ein Mann, dem Aussehen nach zu urteilen ein Bauer vom Pape-Stamm, schlurfte herein und kaufte ein Bier. Er sah mich scharf an, etwa so, wie ein betrunkener Glasgower sein Opfer mustert, ehe er zuschlägt, und trat auf mich zu, indem er Schreibbewegungen machte. In überraschend gutem Französisch fragte er höflich, ob ich ihm einen Stift und Papier leihen könne. Selbst bei jemandem, der an der Universität gearbeitet hat, braucht es lange, bis die pädagogische Ader vertrocknet ist. Kugelschreiber sind im Land der Dowayos nur sehr schwer aufzutreiben. Nicht einmal in der Stadt kriegt man sie zu kaufen. Man muss an die hundert Kilometer fahren, um einen zu bekommen. Eine sichere Methode, einen förmlichen Aufstand zu inszenieren, besteht darin, in der Nähe einer Schule einen Kugelschreiber fallen zu lassen, denn hundert begierige Kinder stürzen sich sofort auf ihn. Deshalb war ich froh, dem Mann helfen zu können. Er ließ sich an einem Tisch nieder und verfasste mit quälender Bedächtigkeit einen endlosen Brief, indem er jeden Buchstaben einzeln ins Blatt eingrub und zwischendurch immer wieder lange am Stift kaute und die Augen zur Decke rollte. Die Lehrer machten sich über die Unbeholfenheit seiner schwieligen Hand lustig. Mittlerweile trat ich in Verhandlungen wegen des Biers ein, das ich für Zuuldibo mitnehmen wollte.

Das große Problem sind die Flaschen. Flaschen sind außerordentlich knapp, weil viele von ihnen dem Kreislauf entzogen und für Dinge zweckentfremdet werden, die mit ihrer ursprünglichen

Bestimmung nicht das Geringste zu tun haben. Die Dowayos machen aus ihnen Musikinstrumente, Lampen und Schaber für Kürschnerarbeiten. Sie verwenden sie als Behälter für Honig, Wasser, Kräutersäfte und vieles andere mehr. Es existiert ein lebhafter Handel mit leeren Flaschen. Die Folge ist, dass die Bierverkäufer nur ungern volle Flaschen aus der Hand geben, wenn sie nicht dafür eine entsprechende Zahl leerer Flaschen kriegen. Das hat ohne Zweifel den löblichen Effekt, dass die Menschen daran gehindert werden, über Nacht ihren Bierkonsum zu verdoppeln und so auf die schiefe Bahn zu geraten. Sobald man die leeren Flaschen hat, um den Handel in Gang zu bringen, funktioniert die Sache ganz gut. Der Schwachpunkt des Systems liegt in dem Problem, sich diese leeren Flaschen erst einmal zu verschaffen. Das ist nämlich praktisch unmöglich. Fast wäre ich geneigt, den für Forschungen im früheren Französisch-Westafrika verantwortlichen Institutionen zu empfehlen, sich einen zentralen Vorrat an leeren Flaschen anzulegen und jedem Feldforscher zwei davon mitzugeben. Die Leistungskraft der Betreffenden würde dadurch enorm gesteigert. Diesmal war ich insofern gut daran, als ich mir von Jon zwei Flaschen hatte ausleihen können. Mein Pech war, dass diese typenmäßig nicht ganz denen entsprachen, die ich mitnehmen wollte.

Wie viele andere Probleme dieser Art wurde die Sache etwa so angegangen wie die Anprobe einer Reihe von Hüten vor dem Spiegel, d.h. als Gelegenheit, genüsslich eine Serie von theoretisch möglichen Standpunkten einzunehmen, und nicht etwa als eine den Fortgang hemmende Schwierigkeit, die es so rasch wie möglich zu beheben galt. Die Lehrer mischten sich ein. Die einen schalten den Barmann, weil er nicht bereit war, sich von den Flaschen zu trennen. Andere lobten seinen Entschluss, die Entscheidung der Angelegenheit dem Besitzer zu überlassen, der garantiert vor Einbruch der Dunkelheit wiederkommen würde.

Der Pape-Bauer schuftete vor sich hin. Schließlich hatte einer der Lehrer das intellektuelle Spielchen satt. Er erklärte sich bereit, mir zwei von seinen eigenen leeren Flaschen zu verkaufen. Dieser kühne Einfall wurde bejubelt wie der siegreiche Zug eines Großmeisters im Schach. Die Geschichte hatte eine halbe Stunde gedauert und mich anderthalbmal so viel gekostet wie jeden anderen, aber immerhin hatte ich es geschafft, zwei Flaschen zum Mitnehmen zu erstehen! Ich schickte mich an, sie im Triumph davonzuführen.

Diesen Augenblick nutzte der versunkene Briefeschreiber, um mich am Arm zu packen und mir zusammen mit dem geliehenen Stift den Roman in die Hand zu drücken, den er unter solchen Qualen zu Papier gebracht hatte. Ich konnte ihn nur mit Mühe entziffern.

Der Brief war in Französisch abgefasst und bestand aus Formulierungen, die einem Notenaustausch auf höchster Ebene im siebzehnten Jahrhundert Ehre gemacht hätten. Er hub an mit dem schwülstigen Satz: »Ich empfehle mich, werter Herr, Ihrer großmütigen Güte.« Um die Sache, ganz im Gegensatz zum Brief, kurz zu machen: Ich wurde um ein Darlehen ersucht. Offenbar war »mein Bruder«, der französische Missionar, in die Stadt gefahren und dort einen Tag länger geblieben, als ursprünglich geplant. Dieser Mann, der beim Missionar als Gärtner arbeitete, hatte deshalb seinen Lohn nicht pünktlich bekommen, und ich sollte ihm den Verlust ersetzen oder, wie es im Brief hieß, »die nicht-empfangte Summe erlegen«.

Die Ethnografie der Kommunikation ist für Ethnologen von einigem Interesse, denn jede Kultur hat eigene Vorstellungen über das, was gesagt und was nicht gesagt werden kann, und darüber, wie der Stil jeweils auf Inhalt und Kontext abgestimmt sein muss. Es war interessant, dass man um ein Darlehen nur schriftlich und nicht mündlich bitten konnte. Dieser Umstand war mir schon früher aufgefallen, wenn Jon von Mitgliedern seiner Gemeinde ähnliche Briefe überreicht bekam.

In Westafrika legt man großen Wert auf eine glückliche Wahl im Ausdruck. Jemand, der imstande ist, mit Überzeugungskraft und Stilgefühl öffentliche Reden zu halten, wird es in der Gesellschaft wahrscheinlich weit bringen, ganz ebenso wie jemand, der ein gepflegtes beziehungsweise grammatikalisch richtiges Englisch oder Französisch schreibt. Die Form des obigen Briefs stammte aus einem der vielen afrikanischen Bücher, aus denen man sich Rat über die Abwicklung einer kultivierten Korrespondenz holen kann. Wie in allen Ländern mit mehreren verschiedenen Sprachen, großer sozialer Mobilität und unabgeschlossener Alphabetisierung sind bei den Menschen in Kamerun Zweifel darüber, was sprachlich korrekt ist und was nicht, weit verbreitet. Deshalb findet man dort zahlreiche Bücher, die ganze Briefvorlagen enthalten, bei denen bloß ein oder zwei Ausdrücke geändert werden müssen, damit man für alle möglichen Gelegenheiten etwas Passendes zur Hand hat, vergleichbar der Methode mittelmäßiger Studenten, ganze Aufsätze auswendig zu lernen und diese dann bei Prüfungen mit fantasieloser Sturheit in den unpassendsten Zusammenhängen herunterzuleiern. Leider lässt sowohl die sprachliche als auch die gesellschaftliche Kompetenz derjenigen, die in Afrika diese Bücher verfassen, entschieden zu wünschen übrig, sodass die Bücher geeignet sind, mehr Schaden anzurichten als Nutzen zu stiften.

Die Jugend ist bevorzugtes Opfer dieser Unsicherheit im schriftlichen Ausdruck, und eine hilfreiche Branche versorgt sie mit Liebesbriefen für jede nur denkbare Gelegenheit. Diese Briefe machen unter Collegestudenten mit einer Geschwindigkeit die Runde und werden mit einer Begeisterung herumgereicht, auf die an unseren Schulen nur die härteste Pornografie Anspruch erheben kann.

Sie enthalten so nützliche Ratschläge wie die Folgenden, die einem nigerianischen Ratgeber entnommen sind: »Die Adresse sollte sich rechts oben auf Ihrem Schreibblock befinden, und Sie sollten daran denken, dass die Liebe süß ist wie das Blau, und darum sollten die Betreffenden versuchen, auf blauem Papier zu schreiben, weil Blau stets auf eine tiefe Liebe schließen lässt.«

Einer der vorgeschlagenen Briefe lautet folgendermaßen: »Ich bin Jaguar Jones aus dem Rosenland. Ich bin die Rosenkönigin und genieße in diesem Land den Ruf, eine ruhige Dame zu sein; aber Ihr Erscheinen hat mein Herz in Wallungen versetzt, mich aus dem Gleichgewicht gebracht und meine Arbeitsfähigkeit angegriffen.«

Im vorliegenden Fall schien es dem Aufwand an Fleiß, den die Ausarbeitung des Gesuchs gekostet hatte, wenig angemessen, den Vorschuss schlicht zu verweigern. Ich setzte dem Bittsteller also lang und breit auseinander, dass der Missionar gar nicht mein Bruder sei und dass wir aus verschiedenen Dörfern, von verschiedenen Stämmen kämen. Wir sprächen nicht einmal dieselbe Sprache. Im Übrigen könnte ich nicht einfach herumlaufen und Leuten, die ich gar nicht kannte, Geld geben.

Der Schreiber fuhr in heller Empörung zurück. Sein guter Ruf stand, so schien ihm, auf dem Spiel.

»Soll das heißen, ich bin kein ehrlicher Mann?«, fragte er. »Schließlich habe ich Ihnen den Kugelschreiber zurückgegeben, oder?«

5
Die Brustwarzen-Amputation

Am nächsten Morgen machte ich mich in aller Frühe und frohgemut auf zu dem Dorf, wo ich rund achtzehn Monate gelebt hatte. Beiderseits der Straße bestellten die Leute ihre Felder und kamen gerannt, um mich zu begrüßen. Ich konnte sie nur mit großer Mühe davon abhalten, mich mit Hirsebier, vergammeltem Maniok und Räucherfleisch zu beschenken. Als ich endlich das Dorf erreichte, waren meine Taschen voll mit Eiern, die man mir unterwegs geschenkt hatte. Da ich wusste, dass viele davon faul waren, bewegte ich mich, als müsste ich auf ihnen gehen.

Alte Frauen humpelten, auf Stöcke gestützt, herbei, kniffen mich in den Arm und amüsierten sich darüber, wie dick ich geworden sei. »Und Sie haben uns erzählt, Sie hätten keine Frauen …«, gluckSten sie schelmisch, die Hacke über der Schulter. Männer kamen herbei und hielten erwartungsvoll bei mir nach Bier Ausschau, weil aus meiner Tasche das Klirren von Flaschen an ihr Ohr gedrungen war.

Als ich schließlich im Dorf ankam, war ich erschöpft von den vielen Fragen, dem Händeschütteln sowie der minutiösen und durch Schamgrenzen unbeeinträchtigten Diskussion über meine Person. Um die Hütten lag tiefe Stille, die nur vom Scharren der Hühner und von Bienengesumm durchbrochen wurde. Hinter einem Baum hervor beäugten mich Kinder und liefen kichernd davon, als ich sie ansprach.

Ich ging über den runden Platz und bemerkte erstaunt Hufspuren auf dem Boden, die darauf hindeuteten, dass man die Rinder für die Nacht in das von Steinen umgebene Gehege trieb, statt sie einfach im Busch herumstreunen zu lassen. Ich hätte insgeheim wetten können, dass hinter dieser Neuerung der Unterpräfekt steckte; denn die Dowayos hatten immer erklärt, so etwas sei zu mühsam und deshalb undurchführbar.

Ob ich das Recht hatte, unaufgefordert das umzäunte Anwesen des Häuptlings zu betreten, war eine offene Frage. Immerhin hatte ich dort drin eine Hütte. Ich entschied, dass es besser war, die Höflichkeit zu übertreiben als die Vertraulichkeit, blieb beim Eingangshäuschen stehen und klatschte laut in die Hände – was mangels Türen, an die man klopfen könnte, in vielen Teilen Afrikas die übliche Methode ist, sich bemerkbar zu machen. Keine Antwort. Man hörte Fliegen summen, Ziegen rülpsen und irgendwo weiter weg eine Frau singen, während sie Hirse zerstieß und die Mahlsteine sich mit dumpfem Geräusch aneinander rieben.

Ich nahm einen gewissen Verstoß gegen die Anstandsregeln in Kauf, erhob meine Stimme und rief, ob jemand da sei. Immer noch keine Antwort. Nun warf ich alles gute Benehmen über Bord und drängte mich durch die Pforte.

Die Hütten waren alle verschlossen, mit Grasmatten verbarrikadiert gegen unverschämte Ziegen, neugierige kleine Buben und – bestimmt auch – streunende Ethnologen. Für sich selbst hatte Zuuldibo, der Häuptling, eine prächtige neue Tür gekauft, die aus flachgeklopftem Aluminium-Wellblech bestand. Das Prunkstück an ihr war ein nagelneues taiwanesisches Vorhängeschloss. Es war abgesperrt. Wenige Orte können einen so verlassenen Eindruck machen wie ein afrikanisches Dorf ohne

Menschen. Im Geiste tippte ich schon meinen Bericht an die Institutionen, von denen meine Forschungsstipendien abhingen: »Der Unterzeichnete suchte die Dowayos in Nordkamerun auf, um ihre Beschneidungszeremonie zu studieren, aber unglücklicherweise traf er sie nicht zu Hause an.« Ich beschloss, meine eigene Hütte zu inspizieren, schob die gewebte Mattentür zurück und stürzte mich in das düstere, dumpfe Innere der Hütte, wo der Gestank von Ziegenköteln und von kalten Fürzen über mir zusammenschlug. Aus dem Dunkel kam ein rhythmisches Schnarchen – Zuuldibo.

Er schreckte aus dem Schlaf hoch, begrüßte mich und beeilte sich, mir ausführlich zu schildern, mit wie viel Eifer und Hingabe er in meiner Abwesenheit meine Hütte bewacht habe. Sie war auch, vertraute er mir an, ein guter Platz, um sich vor dem Steuerinspektor zu verstecken. Er hatte sich in der Tat wohnlich darin eingerichtet. Die Wände waren mit Bildern aus Zeitschriften gepflastert, auf denen üppige Blondinen und riesige amerikanische Straßenkreuzer zu sehen waren. In einer Ecke lag ein Speer. Im Grasdach steckten kleine Stoffbündelchen, die mit Sicherheit wichtige Ritualobjekte wie Hahneneier und Schnurrbarthaare vom Leoparden enthielten. Zuuldibo sah erwartungsvoll auf meine Tasche. Kein Zweifel, er roch das Bier darin. Ich holte die beiden Flaschen heraus. Im Nu hatte er mit dem Flaschenöffner, den er immer um den Hals trug, die Kronenkorken entfernt und süffelte mit Behagen einen Mundvoll Schaum.

Er freue sich, erklärte er, dass ich gekommen sei, denn es gebe einige Dinge, die ihm Sorgen machten. Vor allem sei da das Problem mit meinem Assistenten Matthieu.

Matthieu hatte offenbar dem Lieblingsspiel der Dowayos gefrönt, dem Manövrieren mit Schulden. Während ich im Dorf lebte, war ich eine Art Bankhalter für Zuuldibo geworden, der wie die meisten Dowayos stets von Geldforderungen bedrängt war, die Verwandte, das Finanzamt, Parteivertreter und andere an ihn hatten. Er kam dann regelmäßig in meine Hütte, das Gesicht schamvoll abgewandt, und bat mich, ihm irgendeine kleine Summe zu leihen und ihm damit aus einer augenblicklichen Patsche herauszuhelfen. Stets war seine Bitte von dunklen Andeutungen über die tollsten Aussichten begleitet. Da ich damals eine der Hütten seines Anwesens bewohnte, für die ich keine Miete zahlte, war ich immer froh, ihm behilflich sein zu können. Zuuldibo seinerseits zahlte stets pünktlich mindestens die Hälfte des Geldes zurück, ehe er sich wieder dieselbe Summe borgte. Ich habe den dunklen Verdacht, dass dies eine allseits bekannte, gängige Methode war, um die Rechnungsführung hoffnungslos durcheinanderzubringen. Nach und nach hatte Zuuldibo auf diese Weise ein beträchtliches Schuldenkonto aufgebaut, dessen genaue rechtliche Bestimmung offen blieb. Handelte es sich um ein Darlehen, eine Mietzahlung – ein Geschenk? Als ich nach England zurückfuhr, war mir klar, dass es aussichtslos war, eine solche Schuld eintreiben zu wollen. Deshalb hatte ich einfach aus der Not eine Tugend gemacht und die ganze Summe Zuuldibo als Dank für seine vielen Freundlichkeiten mir gegenüber geschenkt.

Dies war natürlich die Tat eines blutigen Anfängers auf dem Gebiet der Sozialbeziehungen bei den Dowayos. Inzwischen ist mir klar, dass ich die Schulden einfach hätte stehen lassen sollen, um hin und wieder eine Anspielung auf sie fallen zu lassen und so die Erinnerung an dieses Mahnzeichen unserer Beziehung wachzuhalten. Mein Eifer, mit Zuuldibo ins Reine zu kommen, hatte etwas objektiv Kränkendes an sich. Es war etwa so, als würde man im Dorfladen alle seine Schulden bezahlen und damit seine Entschlossenheit kundtun, reinen Tisch zu machen und die Beziehung zu beenden.

Matthieu jedenfalls war aus härterem Holz geschnitzt und

sah nicht ein, warum man so schöne Schulden einfach erlassen sollte. Er hatte beschlossen, das Geld für mich einzutreiben, und machte seitdem Zuuldibo erbarmungslos die Hölle heiß. Ob er das tat, weil es ihm ums Prinzip ging oder weil er sich persönlichen Gewinn davon erhoffte, hat sich nie zweifelsfrei feststellen lassen. Ich tröstete Zuuldibo und versprach hoch und heilig, mit Matthieu über die Sache zu reden. Geld verlangte ich keins.

Der Augenblick schien günstig, das Gespräch auf die Beschneidung zu bringen. Zuuldibo nickte, jawohl, die Zeremonie sollte drüben in der Gegend stattfinden, wo das Dorf des alten Regenhäuptlings lag. Die Jungen hatten sich bereits mit Tierhörnern und -häuten geschmückt und angefangen herumzuziehen, um in den Anwesen ihrer Verwandten zu tanzen. Dies war endlich ein klares und eindeutiges Zeichen, dass man vorhatte, das Ritual zu vollziehen. Mir fiel ein Stein vom Herzen. Es schien also wirklich, als sollte ich bald Arbeit bekommen.

Bei den Dowayos ist die Beschneidung ein sich lang hinziehender Vorgang. Wie in vielen anderen Gegenden der Welt gilt der Beschnittene als ein Wiedergeborener, dem wie einem Kleinkind alle kulturellen Fertigkeiten neu beigebracht werden müssen. Als Erstes werden die Jungen von den Männern ihrer Schwestern geschmückt. Sie streifen dann tanzend durchs Land und werden überall in den Gehöften mit Essen versorgt. Sobald die ersten schweren Regengüsse fallen, können die Jungen beschnitten werden. Die Operation ist darauf angelegt, Furcht und Schrecken zu erregen. Die Jungen werden an einer rituellen Wegkreuzung bis auf die Haut ausgezogen und zum Wäldchen am Fluss geführt, wo die Beschneidung stattfindet. Unterwegs werden sie von den Beschneidern angesprungen, die wie jagende Leoparden knurren und sie mit dem Messer bedrohen. Die Operation ist sehr schmerzhaft, da der Penis fast in voller Länge abgeschält wird. Unter Umständen sind es mehrere verschiedene Beschneider, die jeder ein Stück von der Vorhaut abschneiden. Der Junge darf nicht schreien, aber die alten Männer, die mir von dem festlichen Ereignis erzählten, gaben zu, dass viele es doch täten. Das sei auch nicht schlimm, solange die Frauen *glaubten,* sie hätten sich tapfer gehalten. Beim Badeplatz kann man die Ergebnisse derartiger Eingriffe studieren. Wenn der Operierte noch sehr jung ist, nimmt das Glied manchmal eine fast kugelförmige Form an, was mitverantwortlich für die sehr niedrige Geburtenrate bei den Dowayos sein dürfte. Da alle mit demselben Messer beschnitten werden und die Infektionsgefahr entsprechend groß ist, ist die Todesrate beträchtlich. Von Jungen, die infolge der Operation starben, hieß es, Leoparden hätten sie gefressen. Aus der Korrespondenz französischer Kolonialoffiziere geht hervor, wie bekümmert diese über die große Zahl Jugendlicher waren, die angeblich der Leopard gefressen hatte – obwohl doch Leoparden in der Gegend praktisch ausgestorben waren. Auf diese Weise gerieten die Dowayos rasch in den Verdacht, blutrünstigen kannibalistischen Ritualen zu frönen.

Nach der Beschneidung müssen die Jungen etwa neun Monate lang – ebenso viel Zeit, wie sie im Mutterschoß verbracht haben – abgeschieden im Busch leben. Sie müssen den Frauen aus dem Weg gehen. Erst gegen Ende dieser Zeit dürfen sie unter blätterbedeckten Korbgeflechten herumlaufen, wie ich eines gesehen hatte. Sogar da noch sind sie verpflichtet, »Brücken« aus Laub auszulegen, wenn sie einen Pfad überqueren wollen, und danach die verunreinigten Zweige wieder wegzunehmen. Frisch beschnittene Jungen sind nämlich sehr gefährlich. Sie können bei einer schwangeren Frau eine Fehlgeburt hervorrufen und eine jungverheiratete Frau unfruchtbar werden lassen. Sie dürfen nicht direkt mit einer Frau sprechen, sondern haben kleine Flöten, mit denen sie die Tonmuster von Wörtern nachahmen, sodass sie mittels Musik »sprechen« können.

Erst nach diesem neunmonatigen Zeitraum dürfen sie in das Dorf zurückkehren, wo man ihnen zu essen gibt, sie neu einkleidet und ihnen die Herdstellen zeigt. Später führt man sie zu dem Haus, wo die Schädel der männlichen Vorfahren aufbewahrt werden, die sie zum ersten Mal sehen dürfen. Sie sind jetzt echte Männer und dürfen einen Eid auf ihr Messer schwören. (Kinder, die das machen, kriegen Prügel.) Es war immer merkwürdig zu hören, wenn Männer zum Zeichen großen Zorns eine Kurzversion des Schwurs hervorstießen. Es klingt wie »Verdammich!«. Wann immer ich den Schwur in den Mund nahm, erregte ich damit große Heiterkeit.

Man fragt sich vielleicht, warum die Sitte der Beschneidung so weltweit verbreitet ist und warum die Ethnologen so augenscheinlich fasziniert von ihr sind. Man könnte meinen, dass die Verstümmelung der Genitalien etwas so Schmerzhaftes und Unangenehmes ist, dass die Menschen eher auf alles andere als darauf verfallen müssten. Was man über die gängigen Methoden, die Geschlechtsorgane zu verunstalten, liest, zwingt einen förmlich zu der Annahme, dass die Verstümmelungen vorgenommen werden, *weil* sie schmerzhaft sind. Manchmal werden Löcher in den Penis gebohrt. Oder er wird über und über mit einem Glassplitter zerfetzt, um ihn zu reinigen. Oder er wird aufgeschlitzt, sodass er sich im erigierten Zustand wie eine Blüte öffnet. Hoden können zerquetscht oder abgehackt werden. Keine Möglichkeit scheint ausgelassen.

Wenn die Ethnologen von solchen Praktiken immer wieder fasziniert sind, so deshalb, weil sie darin einen Ausdruck der unvermischten »Andersartigkeit« fremder Völker gewahren. Lassen sich Praktiken dieser Art »erklären« und in Zusammenhang mit unserer eigenen Lebensweise bringen, so ist die »Andersartigkeit« aufgehoben, und wir haben das Gefühl, zu einem allgemeineren Begriff von dem, was Menschsein bedeutet, durchgedrungen zu sein. Man gewinnt den Eindruck, dass, falls es den ethnologischen Theorien gelingt, mit den Sexualbräuchen fertigzuwerden, es nichts gibt, womit sie nicht fertigwerden könnten.

Eine gängige »Erklärung« für die weit verbreitete Sitte, die Vorhaut zu entfernen, geht davon aus, dass diese als ein irgendwie weiblicher Bestandteil angesehen wird, der bei echten Männern nichts zu suchen hat.

Auf Ähnliches ist man verfallen, um die Begeisterung zu erklären, mit der manche Kulturen die weibliche Klitoris entfernen – diese werde als Restpenis angesehen, der bei Frauen nichts zu suchen habe. Die Kultur würde demnach gebraucht, um die Mängel einer unvollkommenen Natur auszubügeln.

Meine eigenen Nachforschungen bei den Dowayos ergaben, dass diese, ungeachtet der zentralen Rolle, die in ihrer Kultur die männliche Beschneidung spielt, ohne Weiteres bereit waren, mehrere solche Lesarten gleichzeitig gelten zu lassen. Fest steht, dass sie die Beschneidung als männliches Gegenstück zur Menstruation betrachteten. Ein Mann ist sein ganzes Leben lang verpflichtet, auf vertrautem Fuß mit denen zu verkehren, mit denen zusammen er beschnitten wurde – seinen »Brüdern der Beschneidung« –, während eine Frau freundschaftlichen Umgang mit denen pflegen muss, die im gleichen Jahr wie sie zum ersten Mal die Monatsregel bekamen, – ihren »Schwestern der Menstruation«.

Andererseits gilt den Dowayos die Vorhaut eindeutig als in gewissem Sinn etwas Weibliches, denn sie klagen, unbeschnittene Jungen seien feucht und übel riechend »wie Frauen«. Die Dowayos haben für umständliche Erklärungen ihrer Bräuche nicht viel übrig. Normalerweise beschränken sie sich auf die Erklärung, sie täten etwas Bestimmtes, »weil unsere Vorfahren es uns geheißen haben«. Aber hier, in diesem Fall, waren sie mit einer Begründung zur Hand, die interessanterweise derjenigen der dort ansässigen amerikanischen Missionare entsprach, die ihre kleinen Jungen ebenfalls beschnitten und in aller Unschuld erklärten, sie täten das, weil es deren Gesundheit und Wohlergehen nutze, da wissenschaftlich erwiesen sei, dass die Vorhaut einen Infektionsherd und eine Quelle von Verunreinigungen bilde. Dowayos und Amerikaner waren also gleichermaßen überzeugt davon, dass eine Verstümmelung der Geschlechtsorgane ihrer Jungen nötig sei. Allerdings missbilligten die Dowayos, wie die Amerikaner dabei vorgingen – erstens war es nicht der Rede wert, was sie von den Kindern abschnitten, und zweitens hielten sie diese unmittelbar nach der Beschneidung nicht von den Frauen fern und ließen sie so zu einer Gefahr für die öffentliche Gesundheit werden.

Aber wenn die Beschneidung bloß als eine von mehreren möglichen Methoden gilt, um Missgriffe der Biologie auszubügeln, dann wäre da auch noch anderes denkbar. Die Möglichkeit der Beschneidung bei Mädchen habe ich bereits erwähnt. Darum wird heute in der Öffentlichkeit viel Aufhebens gemacht, weil es als Teil einer männlichen Verschwörung zur Unterdrückung und Versklavung der Frauen präsentiert und dementsprechend heiß diskutiert wird. Über die viel häufigere Verstümmelung bei den Männern verliert niemand ein Wort.

Nun werden bei den Dowayos die Geschlechtsorgane der Frauen aber nicht verstümmelt. Tatsache ist allerdings, dass ich am Ende meines zweiten Besuchs eine bizarre Abordnung von alten Männern empfing, die von solch einer Praktik gehört hatten und mich baten, sie ihnen zu erläutern. Einmal mehr wirft dies Probleme der Ethik auf. Ist der Ethnograf berechtigt, über Praktiken Auskunft zu erteilen, die bei vielen Menschen Abscheu erregen? Aber sich in dieser Hinsicht Beschränkungen aufzuerlegen würde für die Ethnologie bedeuten, dass sie zu großen Teilen überhaupt nicht mehr diskutabel wäre, weil die

Mehrzahl ihrer Themen anstoßerregend und nicht salonfähig sind.

Wir zogen uns mit viel Geflüster und Gekicher in den Busch zurück. Dort bemühte ich mich, einer faszinierten, aber skeptischen Zuhörerschaft mithilfe von Illustrationen zu erläutern, inwiefern so etwas prinzipiell möglich war. Sie schüttelten den Kopf und wiesen voll Verblüffung darüber, zu welchen Perversionen andere Völker imstande waren, auf die Skizzen im Staub.

»Aber tut das denn nicht weh?«, fragten sie, so als hätten sie keine Ahnung von den Qualen, die sie mit ihren eigenen Praktiken den Jungen bereiteten. »Hält es die Frauen wirklich davon ab, sich herumzutreiben und Ehebruch zu begehen?« In solchen Situationen bleibt einem wenig anderes übrig, als mit den Schultern zu zucken und Zuflucht zu einer stereotypen Wendung zu nehmen wie etwa: »Ich weiß nicht. Ich bin darüber nicht im Bild.«

So stellte denn für die Dowayos die Verstümmelung von Frauen mindestens theoretisch eine Möglichkeit dar. Bleibt indes eine offene Frage. Bei Frauen erfüllen die Brüste eine Funktion und sind nötig, um die Kleinkinder zu säugen. Nicht so bei Männern. Warum erklären also die Männer nicht lieber ihre Brustwarzen zu einem störenden weiblichen Element und schneiden sie ab, statt ihre Vorhaut zu entfernen? Mir ist kein einziges Beispiel für solch eine Praktik bekannt. Man stelle sich daher meine Aufregung vor, als Matthieu beiläufig die Bemerkung machte, die Ninga – ein Volk in der Nachbarschaft – wären insofern merkwürdig, als ihre Männer keine Brustwarzen hätten. Ich bemühte mich um eine Bestätigung für diese Behauptung, indem ich andere Dowayos danach fragte. Es erforderte einige Anstrengung, um die Unterhaltung auf diesen Punkt zu bringen, aber dann erklärten sie, dass es sich in der Tat so verhalte. Eine Expedition mit dem Ziel, die Existenz der gesuchten Brustwarzen-Amputation nachzuweisen, war offenbar fällig.

6
Veni, Vidi, Visum

Matthieu stand am folgenden Tag vor meiner Hütte. Er war heiter und hochgemut wie ein alter Veteran, der nach Jahren erzwungenen Müßiggangs wieder zu den Fahnen gerufen wird. Er blickte verlegen zu Boden. »*Patron.* Draußen habe ich jemanden für Sie.«

Er führte mich durch den Hof und über den Dorfplatz in einen Teil des Dorfs, in dem ich noch nie gewesen war und in dessen hohem Gras wir verschwanden.

Plötzlich standen zwei außerordentlich schüchterne, errötende Jugendliche in ihren Beschneidungskostümen vor uns. Sie hatten lange Gewänder an, das eine blau, das andere weiß. Um den Hals hatten sie Büffelhörner geschlungen, die sie mithilfe jenes dicken, groben Stoffs trugen, den man für das Einwickeln von Leichen und für den Frauenkauf verwendet. Auf dem Rücken trugen sie Leopardenfelle, die auf Holzrahmen gespannt waren. Hier konnte man gewisse Zugeständnisse an die Moderne bemerken. Leoparden sind in der Gegend längst ausgestorben, und die einzige Region, aus der man heute noch solche Felle zu unerschwinglichen Preisen illegal importieren kann, ist das nigerianische Bergland. Ein unternehmungslustiger Händler am Ort hatte sich dieser Marktlücke durch die Einfuhr von Baumwollstoff, der mit einer Leopardenfellzeichnung bedruckt war, angenommen. Dieser Stoff war es, mit dem der eine der beiden Jugendlichen in Ermangelung eines echten Fells herumlief. Da ich die Nöte der Dowayos in der Gegend kannte, hatte ich einen Vorrat jener Leopardenfellimitation aus Dekofix mitgebracht, mit der bei uns die jungen Stutzer den Innenraum ihrer Autos auskleiden. Bei Zuuldibo, dem ich sie zeigte, fand die Imitation großen Anklang. Dass sie so starr war und sich waschen ließ, empfand er als wesentliche Vorzüge gegenüber dem Naturfell.

Die Gelegenheit schien günstig, einen praktischen Versuch mit dem Zeug zu machen. Ich schickte Matthieu zurück, um etwas davon zu holen. Währenddessen tanzten die Jungen, und ich fotografierte sie. Erst nach einiger Zeit tauchte ihr musikalischer Begleiter mit seiner Trommel auf, und wir wiederholten die ganze Prozedur, diesmal mit dem Dekofix, das großartig wirkte. Die Jungen beugten sich tief zur Erde und schüttelten wild den Körper, während die Glöckchen an ihren stampfenden Füßen bimmelten.

Entsprechend den Regeln der Gastfreundschaft bei den Dowayos machte ich dem anderen ein kleines Geschenk und bot ein bisschen Bier an. Dabei verfolgte mich die ganze Zeit über das unbehagliche Bewusstsein, dass ich durch den Schmuck, den ich dem einen der beiden geschenkt hatte, neue soziale Verpflichtungen eingegangen und der »Ehemann« des Betreffenden geworden war – eine Beziehung, die das ganze Leben lang bestehen bleiben würde und die mir auferlegte, den Jungen am Ende der Beschneidungszeit mit Nahrung und Kleidern zu versorgen. Dafür würde er seinerseits bei meinem Begräbnis erscheinen und tanzen.

Dass wir uns gegenseitig als »Frau« und »Mann« betitelten, rief viel Gekicher hervor.

Dank seiner unheimlichen Nase für Bier tauchte prompt Zuuldibo auf der Bildfläche auf und sah den Jungen beim Trinken zu, etwa so, wie ein Hund um ein Kind mit Eiskrem herumschleicht. Sein Hut saß ihm eine Spur schief auf dem Kopf. Er kam offensichtlich direkt von einem Stammtisch auf den Feldern. Jetzt, da ich meine Beschneidungskandidaten, vorzügliche Exemplare um die vierzehn Jahre herum, endlich am Wickel hatte, war ich durchaus nicht gewillt, sie allzu bald wieder davonkommen zu lassen, und fragte sie erbarmungslos darüber aus, woher sie stammten, was für Vorbereitungen schon getroffen worden waren, wer die Zeremonie organisierte und Ähnliches mehr. Bald gähnten sie steinerweichend, lehnten sich aneinander und wollten nur noch schlafen. Außerdem beschloss Zuuldibo, just diesen Augenblick zu nutzen, um das Problem mit dem Dach meiner Hütte anzuschneiden. Er ließ sich durch nichts davon abbringen.

Das Dach, bemerkte er, während er es sich auf dem Boden bequem machte und einen streichen ließ – als netter kleiner Hinweis darauf, dass wir Männer unter uns waren und uns ungezwungen unterhalten konnten –, das Dach war früher ein erstklassiges Dach. Weil ich sein Freund war, hatte er das Aufbringen des Grases persönlich überwacht. Ich konnte mir nicht verkneifen einzuwerfen, dass das Dach von Anfang an zahlreiche undichte Stellen gehabt habe, aber Zuuldibo wischte meine Bemerkung mit einer Handbewegung vom Tisch. Die Jungen dösten vor sich hin. Es war klar, dass wir eine vorbereitete Rede über uns ergehen lassen mussten. Das Dach, versicherte Zuuldibo, war damals ein erstklassiges Dach und erregte allgemeine Bewunderung. Für einen wohlhabenden Mann wie mich war es genau das Richtige. Mittlerweile aber war es undicht. Zuuldibo litt darunter, wenn er sich in der Hütte aufhielt, um sie zu bewachen. Er nahm gern Unbequemlichkeiten für mich, seinen Freund, in Kauf und wollte auch nichts dafür haben, aber ich selber brauchte ein neues Dach. Wie teuer würde das wohl werden? Darüber zu reden schien ihm wenig schicklich. Er würde die Durchführung der erforderlichen Arbeiten selbst in die Hand nehmen. Er würde dafür sorgen, dass gute Arbeit geleistet wurde. Ich konnte dann so viel geben, wie mir angemessen schien, um die Arbeiter für ihre unendlichen Mühen zu entschädigen.

Das ist ein beliebter Trick, um Gefeilsche zu verhindern, da der Käufer oft aus Scham viel mehr anbietet, als er normalerweise zu bezahlen bereit wäre. Zuuldibo war offenbar blau, sonst hätte ihm kar sein müssen, dass er sich damit der Gefahr eines bloßen Austauschs von Schulden aussetzte. Zuuldibo schuldete mir Geld. Ich würde dann Zuuldibo Geld schulden. Wenn er für das Dach bezahlt werden wollte, konnte ich einfach seine Schulden für getilgt erklären und es ihm überlassen, wie er mit seinen Arbeitern ins Reine kam. Der Gedanke war nicht ohne Reiz, aber ich wusste, dass ich nie im Leben dazu imstande war. Mein eigenes Verantwortungs- und Schamgefühl stand mir im Weg. Sooft ich die Männer sah und die Enttäuschung in ihren Gesichtern, würde ich mich schuldig fühlen.

So, wie sie den Leuten ständig mit nervtötenden Fragen zur Last fallen, bilden Ethnologen in jedem Dorf ein Ärgernis. Sie stellen gewaltige Ansprüche an die Geduld und den guten Willen ihrer Gastgeber. Es wäre deshalb unbillig, wenn sie sich vor allen kleinen finanziellen Zuwendungen an das Gemeinwesen, in dem sie leben, drücken wollten. Hinzu kommt, dass Dachdecken eine sehr unangenehme Tätigkeit ist, deren Mühsal Zuuldibo nur geringfügig übertrieben hatte.

Unsere Vorstellungen vom Reet-Dachdecker, der aus seiner Hände geruhsamer Arbeit die tiefe Befriedigung eines ländlichen Lebens zieht, hat wenig gemein mit der tatsächlichen Aufgabe, ein afrikanisches Dach zu decken. Aus dem Gras, das für diesen Zweck verwendet wird, stieben ungeheure Mengen von Pollen auf, die einem das Atmen schwer machen und entsetzliche Hautausschläge und Erstickungsanfälle hervorrufen. Nach einem Tag Arbeit kann man die Dachdecker oft sehen, wie sie, in der heißen Sonne schmorend, nach Luft ringen. Bei dieser Tätigkeit muss man eher an Grubenarbeit als an Weberei denken.

Ich willigte ein, dass wir, Zuuldibo und ich, uns später über den Preis unterhalten konnten, wobei mir natürlich klar war, dass die Arbeit nie und nimmer fertig sein würde, bevor ich wieder abfuhr, und ich trotzdem für sie würde bezahlen müssen.

Das versetzte Zuuldibo in Hochstimmung. Bier musste her, und ein kleiner heimlichtuerischer Junge wurde zur zweiten Frau geschickt, um welches zu holen. Zuuldibo pflanzte sich unter einen Baum und spann sein Thema weiter aus. Er hatte sich, wie es schien, auch Gedanken über seine eigene Stellung gemacht. Er ging selbstverständlich davon aus, dass er mich zu allen Beschneidungs-Festlichkeiten begleiten würde. Das Problem war sein Schirm.

Die Häuptlinge Westafrikas wandeln traditionell im Schatten roter Sonnenschirme. Diese Insignien der Häuptlingswürde sind gelegentlich wahre Kunstwerke und werden mit seltener Hingabe verziert und ausgeschmückt. Zuuldibo hatte sich mit einem weit weniger ambitiösen Schattenspender zufriedengegeben, einem roten Damenschirm, made in Hongkong. Um deutlich zu machen, worum es ihm ging, zog er ihn zwischen seinen Gewändern hervor, hielt ihn aufgespannt hoch und nahm selbst einen absolut schwachsinnigen Gesichtsausdruck an, indem er die Zunge aus dem Mund heraushängen ließ und wild mit den Augen rollte. Alles lachte. Ich konnte seinen Standpunkt verstehen.

Zuuldibo war sich bewusst, dass ein tadelloser Schirm etwas höchst Seltenes, ein völlig kaputter aber nichts als ein komischer Stecken ist. Sein Schirm war nie das Feinste vom Feinen gewesen. Jetzt war der Stoff zerfetzt und fleckig, Zeuge unzähliger

Missgeschicke, die alle mehr oder minder mit dem Biergenuss zusammenhingen. Kahle Speichen staken skelettartig wie dürre Waisenkinder-Ärmchen hervor. Der Schaft war verbogen.

Zuuldibo brauchte einen neuen Schirm, denn wie konnte er sich sonst bei den Festlichkeiten blicken lassen? Ich versprach, mich bei der nächsten Gelegenheit nach einem neuen umzusehen. Zuuldibo beugte sich eifrig vor. Der Häuptling von Marko hatte einen Schirm mit einer … hier schob sich eine längere linguistische Diskussion ein, an deren Ende wir schließlich das Dowayo-Wort für »Troddel« identifiziert hatten. Konnte er auch so etwas haben? Ich wollte es versuchen. Wenn es irgend möglich war, wenn es Gottes Wille war, sollte er seine Troddel bekommen. Zuuldibo strahlte. Meine »Ehefrau« verabschiedete sich und versprach, mir Nachricht zu geben, wenn es mit der Zeremonie so weit war. Das Bier traf ein, zusammen mit zwei von Zuuldibos Brüdern.

Pingelig, wie er in Fragen der Etikette war, goss Zuuldibo ein ordentliches Quantum von dem schäumenden, brodelnden Trank in eine Kalebasse und führte sich zum Beweis, dass er gegen die Gesundheit seiner Gäste nichts Böses im Schilde führte, ein einziges, hausfraulich-züchtiges Schlückchen davon zu Gemüte. Sodann reichte er mir das Gefäß. Möglicherweise wirkte seine Höflichkeit ansteckend auf mich. Wie auch immer, ich nahm jedenfalls die Schale entgegen, und statt sie, wie von mir erwartet wurde, einfach zu leeren, hielt ich sie hoch und brachte einen Toast auf Zuuldibo aus. Augenblicklich senkte sich ein tiefes und entsetztes Schweigen über die Versammlung. Die jungen, die sich unterhalten hatten, verstummten. Das Lächeln auf Zuuldibos Gesicht gefror. Selbst die Fliegen schienen ihr Brummen zu unterbrechen. Ich wusste, was jedem, der in einer fremden Kultur zu arbeiten gewohnt war, auf Anhieb klar sein musste: dass ich einen schweren Fauxpas begangen hatte.

Das Problem war, dass die Dowayos keinen Brauch kennen, der sich unserem Ausbringen eines Toasts vergleichen ließe. Was sie kennen, ist ein Brauch, durch den man jemanden verflucht. Wenn man meint, dass einem jemand ein unerträgliches Unrecht zugefügt hat, dann kann man diesen dadurch verfluchen, dass man seinen Namen ruft, an Bier nippt und das Bier auf die Erde spuckt. Es wird dann erwartet, dass der Betreffende von Kräften kommt und stirbt, zumal wenn er von demjenigen, der ihn verflucht hat, abhängig, also zum Beispiel dessen Sohn ist.

Zuuldibo und die Übrigen saßen da, beobachteten mich entsetzt und warteten darauf, dass ich ausspuckte. Welches Unrecht konnte mich dazu gebracht haben, etwas so Gemeines zu tun?

Ich zauberte ein, wie ich verzweifelt hoffte, entwaffnendes Lächeln auf mein Gesicht und bemühte mich, die Sache zu erklären. Sofort entspannte sich die Atmosphäre. Es fand ein plötzlicher absurder Rollentausch statt – Zuuldibo war der Ethnograf, ich der verworrene und hoffnungslos unverständliche Informant.

»Wir machen das in meinem Dorf«, erklärte ich, »um zu zeigen, dass wir dem Mann, dessen Namen wir nennen, ein langes Leben und viele Frauen und Kinder wünschen. Das ist so Brauch bei meinem Volk.«

Er legte die Stirn in Falten. »Aber wie können eure Worte einem Mann langes Leben geben?«

»Nein. Ganz so ist es nicht. Wir zeigen nur, dass es unser Wunsch ist – dass wir Freunde sind.«

»Aber das heißt doch, dass die anderen Männer dort – deren Namen Sie nicht nennen –, dass Sie denen den Tod wünschen und ihren Frauen Kinderlosigkeit?«

»Nein. Sie verstehen nicht.« Mir kam eine Idee. »Es ist wie das Gegenteil von Verfluchen. Es bedeutet Gutes.«

»Ahh.«

Was wir praktizierten war die berühmte »vergleichende Methode« der Ethnologie. Wir lieferten ein erhellendes Beispiel für eine Situation, in der wir beide nur über jeweils eine Hälfte des Gesamtbilds verfügten, Hälften, die ohne Sinn blieben, solange man sie nicht zusammensetzte. Zugleich war ich mir mit einigem Unbehagen bewusst, dass Zuuldibo meine Gedanken in eine Richtung gedrängt hatte, die sie nicht von selber eingeschlagen hätten. Vor der Unterhaltung mit ihm hatte ich alles andere als eine klare Vorstellung davon gehabt, was es hieß, einen Toast auszubringen, und warum wir das taten beziehungsweise welchen Effekt wir uns davon versprachen. Das Ganze war höchst beunruhigend.

Die Jungen standen auf und trabten leichtfüßig den Pfad hinunter. Nicht lange, so waren sie im hohen Gras verschwunden, und nur das Bimmeln der Glöckchen, die um ihre Knöchel gebunden waren, drang noch in Wellen an unser Ohr. Plötzlich wurde es von einem neuen Geräusch verdrängt. Man hörte ein Motorrad oder, wie die Dowayos sagen, eine *suzukiyo.* Dass ein Motorrad ins Dorf kommt, passiert nicht alle Tage, und so rasten wir alle zu der Kaktushecke, die das Dorf umgab, um zu sehen, wer es war. Das Geräusch verebbte, während das Motorrad in einer Bodensenke verschwand. Dann tauchte im Sattel einer wild bockenden Maschine ein Gendarm auf, quer über dem Rücken einen automatischen Karabiner. Zuuldibo und ich sahen einander wortlos an. Uns beiden war klar, dass sein Besuch einem von uns galt. Mit einer raschen Bewegung faltete Zuuldibo seinen komischen Schirm zusammen und schlüpfte davon, die Knie á la Groucho Marx eingeknickt, damit sein Kopf nicht über der Hecke sichtbar war. Wie es schien, musste ich allein die Stellung halten. So, wie die Leute in alle Richtungen davonliefen, hätte man meinen können, der Hunne Attila komme zu Besuch. Dann folgte eine Pause, während der Gendarm sein Zweirad parkte und der Kinderschar, die ihm dabei zusah, für den Fall, dass sie seine Maschine anrührte, diverse Formen physischer Verstümmelung in Aussicht stellte. Dann erschien er einigermaßen schüchtern im Tor, legte den Karabiner ab und schüttelte mir die Hand. Zu meiner Erleichterung erkannte ich in ihm einen der netten Nichtstuer von der Polizeistation. Als wir in meine Hütte gingen, fürchtete ich einen Augenblick lang, Zuuldibo dort vorzufinden, aber der Raum war leer. »Wo sind die Leute alle?«, fragte der Gendarm auf Französisch.

»Ach, sie müssen auf den Feldern sein.«

»Ist der Häuptling da?«

»Ich glaube, er musste weg.«

»Na gut, ich will sowieso zu Ihnen. Aber der Captain sagt, wir sollen, ehe wir ein Dorf betreten, immer den dortigen Häuptling begrüßen.« Er zog einen Briefumschlag mit aufgeprägten Amtsstempeln und Kennziffern heraus. Drinnen war ein dünner Fetzen Papier, auf dem das Wort »Einberufung« stand. Ich hatte nicht die geringste Ahnung, worum es ging.

»Bitte, was soll das heißen?« Der Gendarm sah mich mitleidig an.

»Sie müssen sofort nach Garoua zum Büro des Präfekten. Ich nehme an, Sie sollen abgeschoben werden.«

Er schenkte mir ein verklärtes Lächeln. Das versprach offenbar einer von diesen besonderen Tagen zu werden. Für die Feldforschung scheint typisch, dass endlose Perioden, an die man sich nicht erinnern kann, weil sie so ereignislos waren, mit Tagen hektischer Betriebsamkeit abwechseln, an denen das Glück Achterbahn mit einem fährt.

Ich bot ihm ein Bier an – das letzte aus meinem Vorrat – und bemühte mich, mehr aus ihm herauszubekommen. Es war zwecklos, er wusste nichts weiter, legte aber mit Vergnügen die Stiefel ab, um seine Füße auszuruhen und mich über die Dowayos auszufragen, nach Art eines guten britischen Bobbys, der sich über sein Revier informiert. An diesem Tag spielte jedermann den Ethnologen. Da er aus dem Süden kam, war er weidlich damit befasst, über die hiesigen »primitiven Methoden« den Kopf zu schütteln, und wollte unbedingt, dass ich einen Bericht über seine eigene Beschneidung in den Wäldern seiner Heimat zu Protokoll nahm. Er legte großes Gewicht auf den Umstand, dass seine Frau ihm bei der Heirat einen Franc hatte zahlen müssen – »für die Schmerzen bei der Beschneidung, die er erlitten hatte, damit es ihr Spaß mache«. Dass ich so zu guter Letzt einen brennend interessierten Informanten aufgetan hatte, auch wenn dieser aus der absolut falschen Gegend kam, machte es umso betrüblicher, dass ich die Unterhaltung auf profanere Dinge lenken musste. Die Einberufung?

Die Nachricht war heute Morgen über das Radio hereingekommen, und der Captain hatte ihn losgeschickt, mich zu suchen. Er senkte schüchtern den Blick und konnte die Augen nicht vom Anblick seiner Füße losreißen. Natürlich konnte er dem Captain immer berichten, ich sei draußen im Busch gewesen, sodass er gezwungen gewesen sei, an der Tür meiner Hütte eine Notiz zu hinterlassen. Ich hatte dann Zeit, den Unterpräfekten aufzusuchen, ehe die Polizei mich schnappte. Er war sogar bereit, mich auf dem Rücksitz seines Motorrads zurück in die Stadt mitzunehmen, wenn ich versprach, abzuspringen und mich zu verstecken, falls uns jemand entgegenkam.

Während wir abfuhren, bewegten sich überall die Grasmatten, und Augen lugten verstohlen dahinter hervor wie von alten Jungfern, die hinter ihren Tüllgardinen auf der Lauer liegen. Vor der Stadt setzte er mich ab.

Zu meiner großen Überraschung lief mein Besuch ohne Komplikationen ab. Der Unterpräfekt war zu Hause, hatte Zeit und war bereit, mich zu empfangen. Er winkte mich ins Zimmer und hörte sich meine Geschichte an. Dann wurde mein Pass inspiziert. Nachdem er ihn rasch durchmustert hatte, tippte er mit dem Finger auf die Stelle. »Hier steckt das Problem. Man hat Ihnen in der Hauptstadt ein Übergangs- und kein Aufenthaltsvisum gegeben.« In der Tat war da das Visum, ein Kopf, der die Karikatur eines afrikanischen Frauenprofils darstellte. Zwangsläufig fiel mir Früchtchen mit seinen heimlichtuerisch aus der Tasche gezogenen Elfenbeinanhängern ein. Daneben waren die schicksalsschweren Worte aufgestempelt: »Gültigkeit drei Wochen, nicht verlängerbar«. Kurzentschlossen löschte der Unterpräfekt die Verlängerungsverbots-Klausel, indem er sie einfach überstempelte. »Sie fahren besser nach Garoua«, drängte er mich. »Ich werde Ihnen ein paar Zeilen an den Präfekten mitgeben.«

Ich stammelte die geziemenden Dankesworte. »Nicht der Rede wert. Noch etwas. Mein Auto fährt morgen früh in die Stadt. Wenn Sie wollen, können Sie von mir aus gerne mitfahren.«

Statt der befürchteten Deportation in Ketten wurde mir also zu guter Letzt eine Autofahrt mit Chauffeur zuteil. Derart krasse Glückswechsel rufen gewaltige Gemütsbewegungen hervor. Ethnologen zeichnen sich möglicherweise dadurch aus, dass sie über einen zusätzlichen emotionalen Getriebegang verfügen, in den sie angesichts von Frustrationen und Missgeschicken zurückschalten können. Der Zustand, in den sie sich damit versetzen, ist fast so etwas wie ein von völliger Empfindungslosigkeit begleiteter Scheintod, als Folge dessen die schrecklichsten Katastrophen oder Häufungen von kleineren Unannehmlichkeiten den Feldforscher in einer Weise kaltlassen, dass die Freunde und Verwandten zu Hause, die den Betreffenden vielleicht als energischen und entschlossenen Menschen kennen, bass erstaunt wären.

Mit größtem Gleichmut nahm ich, während wir dahinrasten,

den Salut der Polizisten am Straßenrand entgegen. Die üblichen Ausweiskontrollen blieben mir erspart. Natürlich kam mir in dieser Lage manche Geschichte aus der Kindheit in den Sinn, die von selbstgefälligen Menschen handelte, die mit dem eigenen Hinrichtungsbefehl in der Tasche ihrem Schicksal entgegengeeilt waren. Bis wir die Stadt erreichten hatten, gelang es mir aber schon ziemlich gut, mit der großen Geste huldvoller Leutseligkeit denen, die meinen Weg säumten, zuzuwinken, und ich fing an zu glauben, dass ich am Ende den Dreh beim afrikanischen Bürokratentum heraushatte.

Das Büro des Präfekten schlug in relativ gemäßigter Form zurück. Die Zeilen des Unterpräfekten erregten einigen Argwohn. Sie wurden mit großer Sorgfalt studiert, so als sei nicht auszuschließen, dass sie sich in ein wichtiges Beweisstück gegen mich verwandeln könnten. »In welcher Verbindung stehen Sie zum Unterpräfekten?«, fragte mich einer der Beamten feindselig. »Er ist der Mann meiner Schwester.« Der Beamte nickte verständnisinnig. Nicht lange, so wies mein Pass ein prunkvolles neues Visum auf, aller Nicht-Verlängerbarkeitsklauseln zum Trotz. Der Beamte lächelte. »Da ist noch ein Problem. Sie brauchen eine Steuermarke über 200 Francs.« Er zuckte mit den Achseln. »Wir haben keine. In der ganzen Stadt gibt es keine Steuermarken über 200 Francs.« Er beugte sich vor. »Wenn Sie mich in zehn Minuten hinter dem Haus treffen, kann ich Ihnen vielleicht behilflich sein. Sonst können Sie in Garoua warten, bis wir welche kriegen.« Durch übertriebene Bewegungen von Mund und Brauen deutete er an, dass ich nicht klug beraten wäre, wenn ich das täte.

Ich zog mich zurück, trödelte draußen herum, tat möglichst unschuldig und schlüpfte schließlich hinter das Haus. Hier hielten wir unser verstohlenes Rendezvous ab. Das Ganze lief schließlich darauf hinaus, dass ich für 400 Francs eine 200-Francs-

Marke kaufte. Beim Abschied fragte er mich noch einmal: »Ist er tatsächlich mit Ihrer Schwester verheiratet?« Ich sah ihn mit großen Kinderaugen an: »Aber ja doch.«

Es war Zeit, mir eine Bleibe für die Nacht zu suchen, und wie gewöhnlich steuerte ich ein kleines Hotel an, das aus einem Haufen Betonhütten bestand, die aber fließendes Wasser hatten. Es lag gegenüber der Stadt, in unmittelbarer Nachbarschaft des nagelneuen, vom Bewusstsein seiner eigenen Großartigkeit erfüllten Novotel. Dorthin wurden in vollklimatisierten Autobussen zu jeder Tages- und Nachtzeit ganze Wagenladungen französischer und deutscher Touristen gekarrt, angetan mit Safarianzügen von Yves Saint-Laurent.

7
Der Affe im Kino

In dieser Welt ist es wichtig zu wissen, auf wen man anziehend wirkt. Irgendwann gab es einmal eine besonders anrührende Reklame für ein Mückenschutzmittel, die mit den Worten begann: »Einer unter zweitausend ist von Natur aus unattraktiv für Mücken.« Während ich auf der Terrasse des kleinen Hotels in Garoua saß, wurde mir leider schmerzlich zu Bewusstsein gebracht, dass ich nicht dieser eine war. Die Moskitos von Garoua sind blindwütig und bösartig und unterbrechen ihre unaufhörliche Fortpflanzungstätigkeit nur, um arme Menschenwesen anzufallen. Als die kühne Forscherin Olive McLeod unmittelbar nach der Jahrhundertwende die Stadt besuchte und bei dem deutschen Gouverneur zum Essen eingeladen war, setzten Diener in Livree neben jeden der Gäste eine zahme Kröte, um das Wüten der blutsaugerischen Insekten einzudämmen.

Aber meine Attraktivität beschränkt sich nicht auf Moskitos. Auf Affen übe ich einen sogar noch unwiderstehlicheren Charme aus. In England bleibt diese meine Anziehungskraft verborgen. In Afrika kommt sie ans Licht.

Im Land der Dowayos war ich auf Paviane getroffen, die vielleicht hässlichste von allen Affenarten. Ganze Scharen von ihnen fristeten in den Felsen neben dem Pfad, der zur Behausung des Regenhäuptlings führte, ein lärmvolles und freudloses Dasein.

Wenn ich diesen schreckenerregend steilen Pfad entlangkroch, pflegten sie mich anzukreischen, vollzuschnattern und gelegentlich mit Steinen zu bewerfen. Inzwischen allerdings habe ich den Verdacht, dass die vermeintliche Wut und Aggression, die sie mir bezeigten, nur Ausdruck unerwiderter Zuneigung war.

Zu meiner nächsten Begegnung mit einem Pavian kam es, als ich gerade auf einem Felsen mitten im Fluss saß. In der Umgebung von Ngaoundéré befindet sich eine landschaftlich reizvolle Stelle, wo der Fluss in einem herrlichen Wasserfall glatte fünfundzwanzig oder dreißig Meter hinunterstürzt. Die Luft war an dieser Stelle immer kühl und erfüllt von Regenbögen und Libellen.

Ein günstig gelegener Felsen gab einen guten Platz ab, um dort zu sitzen und sich in der Sonne zu aalen.

Während ich dasaß und die Schönheiten der Natur bewunderte, näherte sich mir ein Pavian. Er saß am Ufer und betrachtete mich von dort aus mit unverkennbarem Interesse, während er auf höchst unanständige Weise an seinem Körper nach Flöhen herumstöberte. Bald hatte sich zwischen uns ein gewisser persönlicher Kontakt hergestellt, und er arbeitete sich auf allen vieren zu dem Platz vor, an dem ich saß, und sah mir gebannt ins Gesicht, als ob er einen lange verloren geglaubten Verwandten in mir zu entdecken hoffte. Plötzlich gähnte er und deutete dem Anschein nach auf eine Stelle über meinem Kopf. So innig war der Kontakt, den wir unterhielten, dass ich überhaupt nicht auf die Idee kam, seine Bewegung könne nicht für mich bestimmt sein. Ich drehte mich also um und wollte sehen, wohin er deutete. Diese meine Ablenkung nutzte der Pavian, griff durch das offene Hemd nach meiner linken Brustwarze und begann, heftig daran zu saugen. Das kluge Tier brauchte nicht lange, um zu begreifen, dass dies ein nutzloses Unterfangen war, und so lösten wir uns in beiderseitiger Verwirrung voneinander, wobei der

Pavian die Frechheit hatte, in höchst beleidigender Weise auszuspucken. Möglicherweise war es zum Teil diese Begebenheit, die zu der Idee mit den fehlenden Brustwarzen und den damit verbundenen Ereignissen führte. Auf Letztere komme ich noch zu sprechen.

Während ich auf der Terrasse saß und still vor mich hin Moskitos totschlug, tauchte mein alter Freund Bob, ein amerikanischer Ethnologe von schwarzer Hautfarbe, auf. Wir tranken ein Bier zusammen und tauschten die neuesten Nachrichten aus. Währenddessen aber erhaschte ich aus dem Augenwinkel eine Bewegung, die mich ebenso ungewöhnlich wie vertraut anmutete. Ein Affe schwang sich durch die Bäume. Ich wusste, er wollte zu mir.

Später erfuhr ich dann, dass es im dortigen Zoo ein junges Affenpaar gab. Zu welcher Art die beiden gehörten, ob es Menschenaffen, Schimpansen, Gorillas waren, weiß ich nicht; zugetan sind sie mir alle. Das Weibchen war gestorben. Das Männchen war in tiefste Trauer versunken. Da es ein kluges Kerlchen war, hatte es gemerkt, dass das Vorhängeschloss an seinem Käfig nicht in Ordnung war. Der Wärter hatte in Übereinstimmung mit seinen Vorschriften einen Antrag in dreifacher Ausfertigung an die Hauptstadt gerichtet, ihm ein neues Vorhängeschloss zu bewilligen. Eine Antwort war ausgeblieben. Jede Methode, die Käfigtür so zu befestigen, dass sie den nächtlichen Öffnungsversuchen des Affen widerstand, erwies sich als zu beschwerlich und umständlich für den Wärter selbst. Jeder weniger haltbare Verschluss erlaubte es dem Affen, die Tür aufzumachen und in den Nachtstunden nach Belieben herumzustreifen. Aber morgens kehrte er stets in den Käfig zurück, da er ein anderes Zuhause nicht kannte. Mit der Zeit hatten sich die beteiligten Parteien zur beiderseitigen Zufriedenheit auf diesen Zustand geeinigt.

Dafür, dass er tagsüber der Öffentlichkeit zur Besichtigung zur Verfügung stand, durfte der Affe nun seine nächtlichen Ausflüge unternehmen, die seine Stimmung sehr gehoben hatten. Abend für Abend machte er sich geduldig daran, das Türschloss zu öffnen, schwang sich in die Bäume und begab sich auf die Suche nach passender Gesellschaft. Es soll nicht verschwiegen werden, dass er dieses Privileg manchmal durch allzu große Munterkeit missbrauchte, aber sich morgens zur Arbeit zurückzumelden, hatte er noch nie versäumt. Eine der Stätten, die er mit Vorliebe heimsuchte, war der Swimmingpool im Luxushotel nebenan. Es bereitete ihm ein diebisches Vergnügen, in die Umkleidehütten einzudringen, die Kleider zu rauben und sich damit an einen sicheren Platz in den Bäumen zurückzuziehen.

Dort durchstöberte er dann die Brieftaschen und Geldbeutel und ließ auf die Köpfe der Untenstehenden, unbeeindruckt von ihrem Geschrei und ihren Lockrufen, Geld, Reisepapiere und zweifelsfrei private Gegenstände herabregnen. Für die Angestellten des Hotels war dies mittlerweile zu einer wichtigen Einnahmequelle geworden, und deshalb ermunterten sie ihn zu seinen Besuchen.

Nachdem er mich einen Augenblick lang vom Baum aus betrachtet hatte, ließ er sich auf die Erde herunter, kam an unseren Tisch getrottet und starrte mir mit äußerster Ernsthaftigkeit ins Gesicht. Über die Mauer, die unser Hotel vom benachbarten trennte, drang Wutgeheul. Offensichtlich kam er gerade von einer besonders erbarmungslosen Razzia zurück.

Ein Kellner, der ihn erspäht hatte, kam herbeigeeilt, um mit einem Stein seinen Schädel zu bearbeiten. Das ist in Kamerun eine ziemlich gängige Art, sich mit der Tierwelt auseinanderzusetzen. Wohl wissend, was ihm drohte, schlang er beide Arme um meinen Hals, kroch auf meinen Schoß und zeigte seinem Möchtegern-Peiniger ein fletschendes grünes, übel riechendes Gebiss. Nur mit größter Mühe gelang es mir, den Kellner davon zu überzeugen, dass er besser davon absah, den Affen zu schlagen, da dieser mittlerweile wie eine Haftmine an mir klebte und mich garantiert übel zerfleischen würde, und dass man lieber versuchen sollte, das Tier mit einem Teller Erdnüsse von mir wegzulocken. Missmutig und grummelnd willigte der Kellner schließlich ein, wobei er allerdings keinen Zweifel daran ließ, dass die Erdnüsse auf meiner Rechnung erscheinen würden. Der Affe indes ließ sich von mir nicht trennen. Er fing an zu schnarchen, blies mir seinen stinkenden Atem ins Gesicht und würdigte die dargebotenen Leckerbissen keines Blickes. Gut gemeinte Versuche, seine Arme von meinem Hals zu lösen, beantwortete er mit wütendem Bellen und mit dem Entblößen wahrhaft schrecklich anzusehender Reißzähne. Streichelte ich ihm den Kopf, so entlockte ihm das Seufzer und Grunzer von einer solch abgrundtiefen Traurigkeit, dass schon die bloße Absicht, sich des Tiers zu entledigen, mehr Hartherzigkeit erfordert hätte, als ich aufzubringen vermochte.

Das Problem war, dass Bob und ich uns in den Kopf gesetzt hatten, ins Kino zu gehen. Auch wenn in den Berichten von Ethnologen Kinos nur selten Erwähnung finden, kommt ihnen doch während der Feldforschung eine merkwürdige Bedeutung zu. Völlig unerreichbar, wie sie normalerweise sind, werden sie zum Kristallisationspunkt für Verlassenheitsgefühle und nostalgische Sehnsüchte. Bei jedem Aufenthalt in der Stadt ist ein Kinobesuch obligatorisch. Dass man im Voraus weiß, wie schrecklich der Film, wie unverständlich der Ton, wie voll von Hitze, Staub und Schweiß die ganze Geschichte sein wird, spielt alles keine Rolle. Was sein muss, muss sein. Und in der Stadt gab es einen funkelnagelneuen Filmpalast zu bewundern, der gerade erst aufgemacht hatte. Er hatte sogar Sitzplätze und war überdacht. Jeden Augenblick konnte die Klimaanlage anspringen. Just an diesem Abend sollte der Film, zwar sicher alles andere als brandneu, immerhin aber ausnahmsweise kein Kung-Fu-

Schinken und kein muslimisches Monumentalstück mit einem Massenabschlachten von Ungläubigen sein.

Das Leben ist voll merkwürdiger Handlungen, die zu dem Zeitpunkt, da sie begangen werden, absolut am Platz wirken. Die Logik von Vorgängen ist eine rein situative Angelegenheit. Ein Großteil unseres Verhaltens macht, im Rückblick betrachtet, einen bizarren und unerklärlichen Eindruck. »Warum nehmen wir ihn nicht einfach mit?«, meinte Bob. In diesem spezifischen Augenblick schien nichts in der Welt natürlicher, als den schnarchenden Affen ins Kino mitzunehmen. Als ich mich ein paar Mal probehalber rührte, stellte sich heraus, dass ich Bewegungsfreiheit hatte, solange ich eine Hand zur Verfügung hielt, um das Tier zu streicheln. Andernfalls hatte ich mit weiterem Zähnefletschen und Knurren zu rechnen. Die Geschicklichkeit, die es brauchte, mich mitsamt dem Affen in ein dafür nicht gedachtes Jackett hineinzuwinden und Letzteres auch noch zuzuknöpfen, hätte jedem Schlangenmenschen zur Ehre gereicht. In der feuchten Abendhitze war mir in der Tat zum Ersticken heiß. Zum Glück verfügte ich über einen Lastwagen, den ich mir von den leidgewohnten Freunden in der Missionsstation geborgt hatte. Es war ein merkwürdiges Trio, das da zum Kinobesuch aufbrach.

Es wäre natürlich hübsch, wenn ich berichten könnte, dass *King Kong* gezeigt wurde, aber es war, so leid es mir tut, nur eine ziemlich nichtssagende amerikanische Scheidungskomödie, die bei den polygamen Muslimen nicht allzu gut ankam.

Wir stellten uns an der Kinokasse an, wobei mein schnarchender Wanst von einigen der Umstehenden misstrauisch beäugt wurde. Zu meinem großen Kummer entdeckte die cholerische Kartenverkäuferin den Affen und rief mit schnaubenden Nüstern den französischen Manager herbei. Ich war durchaus darauf gefasst, dass damit das Unternehmen zu Ende war. Der Manager würde die Gelegenheit nutzen, seinem gallischen Temperament freien Lauf zu lassen, und mit erbarmungsloser Logik die vielen guten Gründe aufzählen, warum Affen keinen Zutritt hatten. Schließlich würden wir vor die Tür gesetzt.

Überraschenderweise war offenbar das Hauptproblem nicht, ob Affen Zutritt hatten, sondern in welche Preisklasse sie fielen. Bob, der bei dieser Wendung der Sache Feuer fing, erklärte, Affen seien eindeutig »Minderjährige« und hätten deshalb Anspruch auf eine Ermäßigung. Das Tier würde ja nicht einmal einen eigenen Platz belegen. Darauf wollte sich der Manager nicht einlassen, vielleicht, weil er Angst hatte, einen Präzedenzfall zu schaffen. Sah er wirklich bereits einen Strom von Leuten vor sich, die mit Löwen und Ameisenbären anrückten und unter diesem fadenscheinigen Vorwand die Bezahlung verweigerten? Zum Schluss einigten wir uns darauf, dass für den Affen die Hälfte des Preises der untersten Kategorie gezahlt wurde und wir im bescheidensten Teil des Filmpalastes Platz nahmen. Ich bezahlte. Der Affe schlüpfte zurück unter das Jackett und fing wieder an zu schnarchen.

Der erste Teil des Programms fand geringen Anklang. Er bestand aus einem reißerisch aufgemachten, langatmigen Reisebericht über Urlaubs-Kreuzfahrten in Westindien. Wie üblich, taten sich die Zuschauer wenig Zwang an, und von strenger Ruhe im Saal konnte wahrhaftig keine Rede sein. Der Herr neben mir, der seine Schuhe abgestreift hatte, um seinen riesigen Spreizfüßen eine Erholung zu gönnen, und der seine tadellose Soldatenuniform bis zum Bauchnabel aufgeknöpft hatte, erging sich in umständlichen und wiederholten Scherzen des Inhalts, dass zu Sklavenhandelszeiten meine Vorfahren auf Schiffen wie den im Film gezeigten seinen Vorfahren zu kostenlosen Überfahrten verholfen hätten. Bob, ein selbstbewusster schwarzer Amerikaner, nahm Bemerkungen dieser Art ziemlich krumm, und zwischen ihm und dem Uniformierten entwickelte sich eine recht gespannte Atmosphäre.

Dies war der Augenblick, da offenbar die viel gerühmte Klimaanlage ansprang. Die Temperatur sank kontinuierlich, und ein deutlich spürbarer Frosthauch breitete sich aus. Wie es schien, drehte die Anlage durch. Statt auf die drückende Hitze einen mäßigenden Einfluss auszuüben, erklärte sie ihr kurzerhand den Krieg. Eisige Luft wurde stoßweise in den Saal gespien. Unterhalb der Leinwand sammelte sich eine Art giftiger Nebel, während die unpersönliche französische Stimme nicht aufhörte, von karibischen Kreuzfahrten zu faseln, die einem erlaubten, »vor der Kälte des Winters zu fliehen«.

Der Herr vom Militär fing an, seine Uniform zuzuknöpfen und sich wieder in seine Stiefel zu zwängen. Schlimmer noch, störte der plötzliche Frosteinbruch meinen äffischen Freund auf, der zum Entsetzen der Dame hinter uns plötzlich seinen Kopf herausstreckte. Unglücklicherweise war die Dame im Besitz einer großen, roten, leuchtenden Handtasche. Diese Handtasche wollte der Affe unbedingt haben, und dass die Dame sich starrsinnig weigerte, sie ihm zu überlassen, erregte seinen Zorn. Um ihn abzulenken, kaufte ich einem vorbeikommenden Straßenhändler eine große, rote, leuchtende Mango ab, und gab sie ihm. Mangos indes waren ihm fremd und bedeuteten ihm nichts. Zu seinem täglichen Futter gehörten sie jedenfalls definitiv nicht.

Der Affe begnügte sich damit, die Mango mit den Zähnen in schmale Streifen zu zerreißen und unter die Zuschauer zu spucken. Seine Reichweite war verblüffend groß. Da der Film sie langweilte, nahmen die Betroffenen das gut auf, kauften sich ebenfalls Mangos und fingen an, es dem Affen und – wie nicht anders möglich – mir mit gleicher Münze heimzuzahlen. Von Vertrauensleuten, die sich um das Dekor Sorge machten, alarmiert, eilte der Manager herbei und begann zu drohen, er werde die Betreffenden an die Luft setzen. Als die Wochenschau anfing, lehnten sich die Zuschauer in Erwartung eines ordentlichen Spektakels bequem in ihre Sessel zurück.

Das große Ereignis war offenbar die Begegnung des Staatspräsidenten mit irgendeinem unbekannten chinesischen Minister, der Entwicklungshilfe überbrachte. Es gab die unvermeidliche Szene, die den Präsidenten zeigte, wie er mit wächsernem Lächeln und unbeholfen aufs Objektiv gerichtetem Blick in die Kamera starrte, während er seinem Gast einen der scheußlichen Plastiksessel anbot, die bei solchen Gelegenheiten immer herumstehen. »Er sollte mit dem Geld ein paar neue Möbel kaufen«, gab der Soldat mit lauter Stimme zum Besten. Die Zuschauer brüllten vor Lachen, die Wochenschau ging donnernd in die Nationalhymne über, die Hälfte der Zuschauer erhob sich, die andere machte Krawall. Das alles war zu viel für den Affen. Er hatte die Nase voll von menschlicher Gesellschaft und fing an zu schnattern und zu kreischen. Auch das fand den Beifall der Zuschauer. Vor dem Hintergrund der Nationalhymne grenzte unser Betragen fast schon an Hochverrat. Es war besser, zu gehen und auf den Hauptfilm zu verzichten. Bob verriet uns, wie weiland Petrus den Herrn, und blieb sitzen.

Wir fuhren schweigend zurück. Als ich vor dem Hotel aus dem Auto stieg, schlüpfte der Affe behänd auf den Boden und schenkte mir einen letzten Blick, als überlege er, ob sich beim ersten Stelldichein eine Umarmung zum Abschied schicke oder nicht. Er entschied sich gegen weitere Beweise seiner Zuneigung, trottete quer über den Hof und schwang sich in die Bäume, um in den Zoo zurückzukehren.

Nach all den Aufregungen fühlte ich mich rechtschaffen müde und bedauerte nicht im Geringsten, den Hauptfilm verpasst zu haben. Leider schlief ich nicht sehr gut. Mir machten Flöhe zu schaffen – Flöhe vom Affen.

8
Im Zweifel – vorwärts marsch!

In Poli war alles ruhig, als ich zurückkam. Auf der Missionsstation herrschte bedrücktes Schweigen. Jons Beete waren von unbekannten Tieren verwüstet worden. Die Rinder des Stadtoberhaupts wurden stark verdächtigt. Ich hätte aus irgendeinem Grund wetten können, dass Paviane die Schuldigen waren. Wäre Jons Frau eine Dowayo gewesen, hätte sie damit rechnen müssen, Prügel wegen Ehebruchs zu beziehen – weil Schäden, die an den Feldfrüchten eines Mannes entstanden, zwangsläufig ein Hinweis darauf waren, dass der Betreffende von seiner Frau betrogen wurde. Im Dorf erklärte Zuuldibo, als ich ihn unter meinem Bett aufstöberte, die Vorbereitungen für die Beschneidung seien im Gang, aber große Dinge könnten in nächster Zeit noch nicht passieren. Ich wusste von früher her, dass das Gären des Biers der Zeitpunkt war, von dem an es kein Zurück mehr gab. Wenn ich hörte, dass das Bier gor, dann war es so weit. Um ganz sicherzugehen, schickte ich Matthieu hinüber in das Dorf, wo die Sache stattfinden sollte, und gab ihm als Geschenk für einen seiner Verwandten, der dort wohnte, Tabak mit. Man versprach mir felsenfest, mich rechtzeitig zu benachrichtigen.

An Beschäftigung, um die Zeit zu überbrücken, fehlte es mir durchaus nicht, da ich damit begonnen hatte, Forschungen über die einheimischen Heilkundigen und ihre Heilmittel anzustellen. Da ich aber nach menschlichem Ermessen mit einer Wartezeit von mehreren Wochen rechnen konnte, entschloss ich mich zur Durchführung einer Mission, mit der ich mir möglicherweise einen Platz in der ethnologischen Forschung sichern würde: Ich beschloss, die Ninga aufzusuchen und nach der rituellen Entfernung männlicher Brustwarzen Ausschau zu halten – nach jenem fehlenden Glied in der Kette in Gestalt einer Brustwarzen-Amputation, wovon meine Informanten bei den Dowayos gesprochen hatten.

Von Anfang an war unverkennbar, dass Matthieu keine Lust hatte, zu den Ninga zu gehen. Die Pfade dorthin seien gefährlich, versicherte er mir. Um diese Jahreszeit würde niemand dort sein. Niemand könne ihre Sprache. Sie würden nicht mit mir sprechen. Es seien üble Leute.

Es gehört zu den deprimierenderen Seiten des Ethnologenberufs, entdecken zu müssen, dass fast alle Volksgruppen ihre unmittelbaren Nachbarn hassen, fürchten und verachten.

Von einem der Pfleger im Krankenhaus hatte ich gehört, dass der Häuptling der Ninga sich in Poli aufhalte; ich machte mich daran, ihn aufzuspüren. Es kostete mich Stunden, die umliegenden Hütten abzuklappern. Wieder einmal schien jedermann zu wissen, was dieser Weiße suchte, mochte dieser auch noch so heftig protestieren und sich hinter Vorwänden verstecken. Dass es in einer so kleinen Stadt ein gewerblich betriebenes Laster überhaupt gab, war mir vorher nicht klar gewesen. Es gab es aber in der Tat, und das meiste davon bot man mir unermüdlich an. Es kam auch zu einer unglücklichen Begegnung mit einem Angehörigen der Polizeitruppe, der in aufgelöstem Zustand aus einem der Hüttenkomplexe auftauchte und mir langatmig erklärte, er sei hinter illegalem Alkoholgenuss her.

Erst bei Einbruch der Dämmerung entdeckte ich schließlich, müde, erhitzt und zutiefst verstimmt, wie ich mittlerweile war, den Häuptling der Ninga. Ein Gassenjunge, den ich als Führer gemietet hatte, wies mir den Ort, wo er sich aufhielt. Auf die Technik, einem aus dem Weg zu gehen, verstand er sich offenbar um kein Jota schlechter als Zuuldibo. Er war ein Zwerg und steckte zur Gänze in einem roten Gewand, in dem er aussah wie Sankt Nikolaus persönlich. Unter dem Gewand lugten keck die Spitzen glänzend weiß polierter Schuhe hervor. Als ich sein Anwesen betrat, stürzte er mit der rasenden Begeisterung eines Terriers auf mich zu, umarmte mich heftig, vergrub sein Gesicht in meiner Magengrube und erklärte, wie sehr er sich freue, mich zu treffen.

Wir setzten uns auf zwei umgedrehte Lattenkisten und begannen unser Palaver, bei dem uns der Gassenjunge als Dolmetscher diente. Ich verlieh meiner Freude Ausdruck, den Häuptling kennenzulernen, und erklärte, mein Auftrag, der mich hergeführt habe, sei das Studium von »Bräuchen«. Er nickte verständnisinnig. Ich hätte viele interessante Dinge über die Ninga gehört, und mein Herz sehne sich danach, ihn in seinem Dorf zu besuchen, um etwas über die Lebensweise der Ninga in Erfahrung zu bringen. Aufs Ganze gesehen, schien diese Vorgehensweise besser, als einfach zu fragen: »Sagen Sie mal, wie ist das mit den männlichen Brustwarzen ...«

Mit wohlwollendem Lächeln lauschte er der Übersetzung meiner Worte. Er habe bei den Dowayos – seinen allzeit guten Freunden – schon von mir gehört. Er wünsche von Herzen, mich in sein Dorf mitzunehmen. Er würde sich liebend gern mit mir über das Leben der Ninga unterhalten. Er habe vernommen, ich sei ein Mann, auf dessen Wort man sich verlassen könne. Er sah verschämt unter sich. Es gebe da nur ein kleines Problem. Er sei ein armer Mann. Er könne mich nicht so bewirten, wie er sich das wünsche. Aber er habe seinen Stolz. Der Gedanke, mich zu empfangen und meine Erwartungen enttäuschen zu müssen, sei ihm unerträglich. Er seufzte. Er sehe nur einen Ausweg. Ich müsse eine Ziege kaufen. Tausend Francs würden völlig reichen. Ich solle ihm das Geld am besten gleich geben. Ich fuhr zurück. Das war eine der unverfrorensten Geldforderungen, die mir je untergekommen waren. Es war schwer zu entscheiden, ob in dieser Situation harte Geschäftsmäßigkeit, die auf Klartext bestand, oder Großzügigkeit, die aufs Feilschen verzichtete, das Richtige war. In der Ethnologie geht es leider nie ohne ein gewisses Maß an Verstellung und kalter Berechnung ab. Eine rasche Durchsicht meiner Taschen ergab eine Gesamtsumme von ungefähr 500 Francs – Großzügigkeit war also nicht drin.

Es tue mir leid, erklärte ich, aber auch ich sei ein armer Mann. Ich sei kein Häuptling und deshalb nicht gewohnt, ganze Ziegen zu essen. Ich würde ihm Geld für eine halbe Ziege geben – 500 Francs. Er machte ein sehr enttäuschtes Gesicht. Ach was, sagte ich mir, wo ich eine so weite Reise hatte machen müssen, um überhaupt herzukommen, und etwas so Wichtiges wie die Brustwarzen-Amputation bei Männern entdeckt hatte, war es da nicht albern, sich wegen einer Summe von kaum mehr als 5 Mark herumzustreiten? Irgendwie war dies mein Standardargument, wenn ich im Begriff war, klein beizugeben. Ich fügte also hinzu, dass ich natürlich vorhätte, dem Häuptling bei meinem Besuch ein Geschenk mitzubringen. »Ein Gast kommt nicht mit leeren Händen.«

Sein Gesicht hellte sich sichtbar auf, und wir vereinbarten, dass unser dolmetschender Gassenjunge mich in einer Woche im Dorf abholen und hinauf in die Berge begleiten solle. Als ich meinen Abgang machen wollte, stürzte sich der Häuptling abermals auf mich und presste meinen widerstandslosen Leib heftig an sich. Er ergriff meine Hand und drückte sie leidenschaftlich an sein Herz. »Weiße und Schwarze«, bemerkte er, »sind Brüder. Die Weißen sind nur einfach schlauer.«

Es war nicht ganz leicht, darauf die richtige Antwort zu finden. Ich, der ich gerade all mein Geld losgeworden war, fühlte mich nicht besonders schlau. Wir ließen also die Sache auf sich beruhen. »Halten Sie sich nicht zu lange in dieser Gegend auf«, warnte er mich feierlich. »Hier gibt es viele schlechte Frauen.« Ich begann zu ahnen, wo meine 500 Francs hinwandern würden.

Neun Tage später hatte ich vom Häuptling der Ninga noch nichts weiter gehört. Die afrikanischen Zeitvorstellungen sind etwas legerer als unsere. Ich dachte mit Beschämung daran zurück, wie der Regenhäuptling der Dowayos einen Tag nach meiner Abschiedsparty eingetroffen war, ohne den geringsten Zweifel daran, dass ich sein Bier für ihn kalt gestellt hatte.

Dennoch hatte ich den Eindruck, dass ein Besuch beim Häuptling der brustwarzenlosen Ninga fällig war. Beim ersten Tageslicht machte ich mich auf den Weg, begleitet von Matthieu, dem wie üblich Schlimmes schwante. Auch diesmal wieder mussten wir viel herumwandern. In Haushalte, in denen Vielweiberei herrscht, bringen die verschiedenen Schlafstätten häufig einen Hauch von Nomadismus. Überall kauerten die Leute ums Feuer, gegen die Kühle des frühen Morgens in Decken gehüllt, und warteten darauf, dass ihnen jemand Essen oder Bier brachte. Allenthalben war ein großes Räuspern und Spucken im Gange.

Das Haus des Häuptlings war leer. Niemand wusste, wo er sich aufhielt. Niemand wusste, wann er zurückkommen würde. Laut Matthieu konnte man daran sehen, was das alles für üble Leute waren. Ich beschloss, es mit meinem Informanten, dem Krankenpfleger, zu versuchen.

Da wir auf dem Weg zum Krankenhaus direkt am Haus des Unterpräfekten vorbeikamen, musste auch dort ein Höflichkeitsbesuch abgestattet werden.

Die stämmige Figur des Unterpräfekten saß bereits über den Schreibtisch gebeugt, einen Haufen Papiere vor sich ausgebreitet. Während wir uns die Hand schüttelten, überzog ein breites Grinsen sein Gesicht. Er wedelte mit einem Blatt Papier. »Aha. Ich habe hier einen Bericht über Sie von der Polizei. Sie haben offenbar eine Schöne der Nacht besucht.«

Je mehr ich leugnete, umso begeisterter bestand er darauf, mich für den denkbar größten Schwerenöter zu halten. Wir kamen schließlich auf den Häuptling der Ninga zu sprechen. »Der Häuptling der Ninga? Das kann ich Ihnen sagen, wo der ist.« Er lehnte sich in seinen Sessel zurück und setzte eine engelsgleiche Miene auf. »Ich habe ihn in sein Dorf zurückgeschickt. Er gibt ein schlechtes Beispiel, hängt in der Stadt herum, trinkt und hurt. Wie sollen die jungen Männer Respekt vor ihren Häuptlingen haben, wenn die sich so aufführen? Ich habe ihn mit dem Auftrag zurückgeschickt, sich darum zu kümmern, dass die Steuern ordentlich eingezogen werden.« Er drohte mir vorwurfsvoll mit dem Finger. »Benehmen *Sie* sich anständig, sonst schicke ich Sie nach Hause zu Ihren Leuten.«

Zu guter Letzt kam auch das Thema Beschneidung aufs Tapet. In seiner Einstellung dazu wurde der Unterpräfekt von all den Zweifeln geplagt, die jeden Verwaltungsbeamten, der über Angehörige einer Kultur herrscht, die nicht seine eigene ist, zwangsläufig befallen müssen. An und für sich sah er natürlich als Muslim in der Beschneidung etwas Positives. Die Beschneidung hatte einen von Haus aus zivilisierenden Effekt und war insofern bei heidnischen Völkern eine förderungswürdige Sache. Gleichzeitig aber sah er, dass sie unruhestiftend, gefährlich und kostspielig war. Er hatte es sich deshalb angewöhnt, die Krankenpfleger männlichen Geschlechts in die Dörfer zu schicken, damit diese dort die Operationen vornahmen, statt es die Einheimischen »mit einer schmutzigen Hacke« machen zu lassen. Die Krankenpfleger waren jedenfalls maßvoller bei dem, was sie abschnitten, und gingen hygienischer vor, auch wenn die Auflage, alle Wunden in Alkohol zu baden, die Schmerzen sehr vergrößert haben müssen. Was der Unterpräfekt nicht wusste, war, dass einige der Stammesältesten, die mit dieser Regelung unzufrieden waren, die Jungen nach dem Abzug der Krankenpfleger ein zweites Mal beschnitten: sodass in der besten Tradition kolonialer Herrschaft die humanitären Maßnahmen einer tüchtigen Verwaltung am Ende nur dazu dienten, die Schmerzen, das Leiden und die Todesrate bei den Jungen noch zu vergrößern.

Während dieser Unterhaltung hörte ich zum ersten Mal von dem Wasserversorgungsprojekt, das in der Zukunft zu einem Hauptproblem werden sollte. Der Unterpräfekt hatte in Zusammenarbeit mit dem Amerikanischen Friedenskorps beschlossen, die Stadt müsse eine Versorgung mit sauberem Wasser erhalten. Als ich zu Fuß in mein Dorf zurückkehrte, hatte ich noch wenig Ahnung, was für eine verzwickte Geschichte das werden würde. Ich interessierte mich vorläufig mehr für meine Suche nach der Brustwarzen-Amputation.

Einer der Grundsätze in der Britischen Armee war immer »Im Zweifel – vorwärts marsch!«. Jetzt schien der Augenblick gekommen, diese Devise auf meine eigene Feldforschung anzuwenden. Zuuldibo versicherte, mehreren Männern im Dorf seien die Pfade zu den Ninga, die gefährliche Kletterpartien einschlössen, bekannt. Er werde mir einen schicken, der stark, klug, ehrlich und ich weiß nicht was noch alles sei. Ich beschloss, mit der Morgendämmerung zu den Ninga aufzubrechen. Matthieu war höchst ungehalten. Waren die Ninga in der Stadt schon schlimm genug gewesen, so waren sie in den Bergen gar noch schlimmer. »Das ist nicht die richtige Zeit, um in die Berge hinaufzusteigen«, erklärte er. »Es wird regnen. Wir werden weggespült. Es wird kein Trinkwasser geben.«

Am nächsten Morgen vor Tagesanbruch erklang ein Hüsteln vor meiner Hütte, das zu geziert war, um von einer Ziege zu stammen. Draußen stand, zitternd vor Kälte, ein verwahrlostes kleines Kerlchen in abgerissenen Shorts und mit einer grandiosen roten Beatles-Mütze. In der Hand trug er einen bunten zahmen Vogel, keinen Papagei, sondern eher etwas, das wie ein Eisvogel aussah. Das war der Führer, den mir Zuuldibo geschickt hatte – ein etwa achtjähriger Junge. Wir tranken Kaffee, saßen auf den kalten Steinen und unterhielten uns. Die Mutter des Jungen war offenbar eine Ninga, verheiratet mit einem Dowayo; und wie es schien, hatte der Junge bei einer Reihe von Viehtrieben aus den Bergen hinunter ins Tal mitgeholfen. Dass er mit dem Weg Bescheid wusste, stand außer Frage. Matthieu auf die Beine zu bringen, war nicht ganz leicht. Eine Stunde später brachen wir auf, ausgerüstet mit Fotoapparat, Notizbüchern und Tabak – die Standardausstattung im Ethnografen-Geschäft.

Unser Führer setzte seinen leuchtenden Vogel als Wetterhahn auf seine Mütze und übernahm die Spitze. Matthieu trottete missgelaunt hinterher und jammerte, dass er nicht richtig habe frühstücken können.

Dicke flauschige Nebelschwaden wälzten sich quer über den Talgrund. Wir platschten durch Morast und suchten uns über Felstrümmer einen Weg, bis wir am Fuß des Gebirgszugs ankamen. Aufgescheuchte Rinder tauchten hie und da plötzlich aus dem Nebel auf und verschwanden schnaubend im hohen Gras. Es war bitterkalt, und wir alle warteten sehnsüchtig darauf, dass am Horizont die ersten schwachen Sonnenstrahlen den Dunst durchbrachen und uns wärmten. Der zahme Vogel blies sein Gefieder auf und riskierte ein, zwei schwache Piepser.

Nach einer halben Stunde begegneten wir einer Gruppe von Leuten, die unterwegs zu einer Beerdigung drüben hinter Kongle waren. Sie trugen Krüge mit blubberndem Bier und rissige Rindshäute, um den Toten hineinzuwickeln. Die Aussicht auf das Fleisch des Rindes, das aus Anlass des Begräbnisses geschlachtet werden würde, versetzte sie unverkennbar in Hochstimmung. Ich war froh, dass Zuuldibo nicht mitgekommen war. Er hätte nie im Leben zugelassen, dass das Bier unberührt an uns vorüberzog.

Die »Trauernden« machten muntere Scherze darüber, dass ich wie ein Aasgeier ständig bei Begräbnissen der Dowayos anzutreffen sei. Wir tauschten Bananen aus den Bergen gegen Tabak ein, woraufhin sie lustig qualmend ihres Weges zogen – als Zigarettenpapier hatten sie eine Seite meines Notizbuchs bekommen. Unser kleiner Führer fütterte seinem Vogel ein bisschen Banane, setzte ihn in lustiger Schieflage zurück auf seine Mütze, und wir begannen mit der Kletterpartie.

Der Aufstieg ist kein Zuckerschlecken. Der Pfad ist oft sehr eng, und seine schmalen bröckelnden Ränder fallen steil zu den darunterliegenden Felsen ab. In nassem Zustand ist der Granit sehr glitschig, und wer seinen Halt verliert, wird unerbittlich dafür bestraft. Während der Kletterei rannen uns kalte schwere Tautropfen an Hals und Armen herunter, sooft wir mit den Pflanzen in Berührung kamen, die in den Felsspalten üppig wucherten. Bald darauf tat sich neben uns eine tiefe Kluft auf, in der Flaschenscherben und zerschlagene Kalebassen lagen. Unser kleiner Führer machte hier halt und erklärte, an diesem Ort wohne ein starker Erdgeist, dem wir etwas von den Lebensmitteln, die wir mitführten, als Opfer darbringen müssten. Ich gab ein bisschen Banane und ein Stück Schokolade, Matthieu trennte sich ziemlich widerwillig von einem Quäntchen Pulverkaffee und etwas Räucherfleisch, das er für alle Fälle unten in seinem Bündel heimlich aufbewahrte. Unser Führer nickte zufrieden und setzte seinen Weg fort, wobei der Vogel auf seiner Mütze unruhig hin und her wippte und trippelte, während er sich über die Felsen hievte. Nicht lange, so kamen die Fliegen, um uns zu quälen, sich an unserem Schweiß zu laben und uns dadurch, dass sie sich in die Augen setzten, zur Raserei zu treiben. Die Sonne brannte immer heißer. Außer Atem und genervt von all den Fliegen und Schrammen, überraschte ich meine Gefährten mit dem Verlangen, wir sollten eine Rast einlegen.

Daran war allerdings gar nicht zu denken. Dies war ein Pfad, der von Rindern benutzt wurde. Auf die Knochen von einigen, die es an Trittsicherheit hatten fehlen lassen, wurde ich auf einem der schwierigeren Streckenabschnitte zur Hebung meiner Moral hingewiesen. Irgendetwas an der Höhenlage schien die Wiederkäuer zur Darmentleerung angeregt zu haben. Überall lagen Kuhfladen herum mit Fliegenschwärmen, die sich an ihnen labten, aber rasch deutlich machten, dass sie unsere Absonderungen sogar noch lieber mochten. Die Sonne brannte mittlerweile heiß, und wir waren gut beraten, uns aus dem Staub zu machen.

Matthieu schimpfte über die Kuhfladen, in denen er einen weiteren Beweis für die Schändlichkeit der Ninga und ihrer Lebensweise sah. Kamen sie herunter ins Tal, so verstreuten sie überall auf den Feldern der Dowayos Kuhscheiße. Dadurch, versicherte er, wurde das Wachstum des Unkrauts befördert, was wiederum die Plackerei auf den Feldern stark vermehrte.

Allmählich gewann ich den Eindruck, dass er definitiv etwas gegen die Ninga hatte.

Einige Zeit danach erreichten wir den Randbezirk eines Dorfs. Wenn man sich in Westafrika einem Dorf nähert, kündigt sich dieses normalerweise durch untrügliche Zeichen an. Erst kommt man durch bebaute Felder. Dann ist häufig das dumpfe Geräusch zu hören, das der Stößel im Mörser macht, während die Frauen das Korn von den Spelzen befreien, und der ohne Instrumente vorgetragene einfache Gesang, mit dem sie das Zerstoßen des Getreides zwischen den Mahlsteinen begleiten. Unvermeidlich hört man Kinder rennen und schreien. Häufig genug ist Gelächter zu hören. Aus diesem Dorf drang nichts als tiefe Stille.

Es wurde rasch deutlich, dass über die Bevölkerung des Dorfes irgendein Unheil hereingebrochen war. Wenn Anwesen nicht mehr bewohnt werden, überlässt man sie gewöhnlich ihrem Schicksal. Unter den tropischen Regengüssen dauert es nicht lange, bis der Lehm, aus dem sie bestehen, wieder zu Schlamm geworden ist. Zurück bleibt nur ein tristes Steinrund, das den Hütten oder Vorratshäusern als Fundament diente. Für Archäologen ist dieser Umstand sehr betrüblich, wohingegen er Ökologen in Begeisterung versetzt. Im vorliegenden Fall schien das ganze Dorf aus zerfallenden Anwesen zu bestehen. In ein paar Jahren würde hier nichts mehr an den Ort erinnern, an dem ganze Generationen groß geworden und gestorben waren. Wir drangen durch diese Wüstenei ins Zentrum vor, wo wir uns auf einer Mauer aus Bruchsteinen niederließen, während unser Führer sich auf die Suche nach unserem widerstrebenden Gastgeber machte.

Matthieu nutzte die nun folgende beträchtliche Wartezeit und beehrte mich mit einer langatmigen Aufzählung der vielen Details, die ihm auf dem Weg hierher aufgefallen waren und durch die er sein negatives Bild von den hiesigen Leuten bestätigt fand. Wo waren sie alle? Was war mit ihnen passiert? Gott hatte sie offenkundig für ihre Schlechtigkeiten bestraft. Das verkündete er mit sichtlicher Befriedigung. Sie hatten diesen üblen Ort verlassen. Ihre Übeltaten begingen sie jetzt anderswo. Zu guter Letzt erschien der Häuptling. Ein dumpfes rhythmisches Klopfen kündigte seine Ankunft an. Der Grund dafür war aber nicht, wie ich anfangs vermutete, dass er in Begleitung eines seinen Lobpreis verkündenden Trommlers kam. Wie hatte mir nur bei der ersten Begegnung entgehen können, dass er einen Klumpfuß hatte und humpelte? Der Aufstieg in die Berge musste für ihn die reine Tortur sein.

Ungeachtet seines körperlichen Gebrechens stürzte er sich

auch diesmal wieder wie außer sich vor Freude auf mich, sodass ich fast von der Mauer gefallen wäre. Er presste meine Hand an seinen Busen und säuselte, wie sehr er sich über mein Kommen freue. Während ich mich bemühte, auf die Füße zu kommen, sah ich aus dem Augenwinkel, wie sich Matthieus Mund angewidert verzog. Ich holte zwei im Laden gekaufte Flaschen Bier heraus. Nach einer kleinen Pantomime zwischen Matthieu und mir, die der Frage galt, ob wir uns die eine Flasche teilen sollten, brachte ich eine dritte zum Vorschein und reichte sie zum erkennbaren Kummer des Häuptlings meinem Assistenten. Wenn man in Rechnung stellt, wie viel menschlichen Schweiß es gekostet hatte, sie hier und jetzt zur Verfügung zu haben, muss diese Flasche eine der teuersten aller Zeiten gewesen sein.

Der Häuptling erklärte, der Druck öffentlicher Obliegenheiten habe ihn zur Rückkehr genötigt; außerdem habe ihm geträumt, eine seiner Frauen sei krank, und da habe die Sorge um ihre Gesundheit ihn bewogen, sich über die Regeln des Anstands hinwegzusetzen. Ich nickte verständnisvoll. Er werde Matthieu und mir eine Hütte zuweisen lassen, und wir könnten uns dann später am Abend, wenn ich geruht hatte, wieder treffen. Es gebe da nur ein kleines Problem. Bei unserem Treffen in der Stadt hätte ich ihm Geld für eine halbe Ziege gegeben. Es sei indes unmöglich, eine halbe Ziege beziehungsweise eine Ziege halb zu schlachten. Konnte ich mich vielleicht dazu verstehen, auch die andere Hälfte zu bezahlen? Die Hütte würden wir dann kostenlos bewohnen können.

Ich zahlte, während Matthieu den Kopf schüttelte und etwas von »üblen Leuten« murmelte.

Die Hütte, die man uns zuwies, war so heruntergekommen, wie ich selten eine gesehen habe. Die Dachbalken, auf einer Seite von den Termiten weggefressen, waren zusammengebrochen, und das ganze verrottende Grasdach hing auf der einen

Seite über die Wand herunter und ließ die andere Seite offen. Ich hoffte, dass es nicht regnen würde. Unser junger Führer verabschiedete sich, versprach aber, später am Tag wiederzukommen, um als Dolmetscher zur Verfügung zu stehen. »Ehe du gehst«, bat ich, »sag mir noch, wie viele Ninga es hier gibt.« Er dachte nach und stellte aufwändige Berechnungen an, in deren Verlauf er vielfach den Blick zum Himmel heben musste. Dann lächelte er zufrieden. »Sechsundzwanzig!« Er verstaute seinen Vogel in seiner Mütze, setzte diese wieder auf und machte sich auf den Weg zu seinen Verwandten mütterlicherseits, während ich einigermaßen perplex zurückblieb.

Ich denke, die Art, wie die Dowayos von den Ninga sprachen, hätte mich schon früher darauf bringen müssen, jene Frage zu stellen. Ich hatte angenommen, die Ninga seien ein Volk etwa in der Größenordnung der Dowayos selbst. Niemand hatte es je für nötig gehalten zu erwähnen, dass es von ihnen nur so wenige gab.

Als ich ihn später danach fragte, äußerte sich der Häuptling recht vage darüber, was mit seinen Leuten passiert war, ungefähr so, als hätte er sie bloß verlegt und könne sie im Augenblick nicht finden. Früher seien sie zahlreicher gewesen. Krankheiten seien aufgetreten. Einige seien infolge einer Uneinigkeit weggezogen. Einige hätten in andere Stämme eingeheiratet. Familien der Fulbe hätten sich um die Ninga herum eingenistet, um während der Trockenzeit die Weiden zu nutzen, denn in den Bergen gebe es immer Wasser. Viele der leer stehenden Anwesen, die wir gesehen hätten, gehörten Fulbe-Leuten, die mit ihrem Vieh unterwegs seien. Es hatte ganz den Anschein, als würden in einigen wenigen Jahren die Ninga verschwunden sein.

Das alles war ein ziemlicher Schlag für mich. Ich konnte mich allerdings damit trösten, dass Ethnologen in Südamerika Stammesgruppen erforschen, die zahlenmäßig kaum größer sind. Krankheit, Vertreibung und Krieg haben sie auf winzige Bruchteile ihres früheren Umfangs dezimiert. Sich mit einer derart gelichteten Gruppe zu beschäftigen, würde ebenso viel archäologische wie ethnologische Arbeit erfordern. Angesichts der Wichtigkeit meiner Suche nach der fehlenden Brustwarzen-Amputation war es jedenfalls gut, dass ich in einem so kritischen Augenblick zur Stelle war. Denn wenn ein Volk seine Identität verliert, so ist das, was dem Ethnologen dabei am meisten wehtut, dass eine einzigartige Sicht von der Welt verloren geht, die das Ergebnis einer mehrtausendjährigen Interaktion und Gedankenarbeit ist. Danach sind wir in unserer Vorstellung von der Reichweite menschlicher Möglichkeiten ärmer. Die Bedeutung, die der Ethnologe einer Volksgruppe beimisst, hat mit der Frage ihrer zahlenmäßigen Größe nichts zu tun.

Als wir am Abend beim Häuptling zum Essen waren, kam die versprochene Ziege tatsächlich auf den Tisch. Es gibt allerdings leider solche und solche Ziegen. Junge Ziegen sind zart und saftig. Das Fleisch ausgewachsener weiblicher Ziegen kann gut, wiewohl zäh und beschwerlich zu kauen sein. Alte Ziegenböcke hingegen sind etwas ganz anderes. Böcke strömen einen so widerwärtigen Geruch aus, dass man, wenn man in den Bergen unterwegs ist, riechen kann, ob in den letzten zehn Minuten einer vorbeigekommen ist oder nicht. Das Fleisch von Böcken schmeckt durchdringend nach ungewaschenen Achselhöhlen. Es gibt wenige Gewürze, die scharf genug sind, um diesen Geschmack auch nur abzumildern. Er setzt sich immer wieder aufdringlich und unverkennbar durch.

Der Häuptling erklärte, er habe uns zu Ehren die größte (und deshalb vermutlich auch älteste) Ziege in seiner Herde geschlachtet. Die große Ehre, die er uns damit antat, sollten wir würdigen. Das Aroma ließ keinen Zweifel daran, dass es sich bei dem betreffenden Tier um ein Prachtexemplar von Bock gehandelt haben musste. Mein westlicher Gaumen reagierte sehr empfindlich darauf, aber ich war entschlossen, die Sache durchzustehen. Matthieu kam das Essen ausnahmsweise einmal hart an; sein ungeheurer Appetit auf Fleisch vermochte der Küche der Ninga nicht standzuhalten. Der Häuptling hingegen schien mit großem Genuss zu essen und schlang riesige Mengen von dem schwarzen, übel riechenden Fleisch hinunter. Mit von der Partie war noch ein Mann, der uns als der Bruder des Häuptlings vorgestellt wurde. In Afrika bedeutet dieser Ausdruck unter Umständen nur, dass zwei Männer aus demselben Dorf sind. Was allerdings für eine verwandtschaftliche Verbindung sprach, war der Buckel, den der Mann hatte. Das Kerlchen, das uns als Führer diente, erschien wieder auf der Bildfläche und hockte sich in respektvollem Abstand hin. Ihm wurde ein weniger großartiges Gericht aus angebrannten Innereien in Öl vorgesetzt. Er saß da und mampfte fröhlich vor sich hin.

Als Entschädigung für das Essen bot uns der Häuptling eine große Kalebasse mit guter frischer Milch an. Die war nun wirklich eine Köstlichkeit. Sie war überraschend gehaltvoll und kühl, die erste, die ich überhaupt in Afrika zu kosten bekam. Da es vielleicht besser war, das Fleisch mit Stillschweigen zu übergehen, machte ich dem Häuptling ein Kompliment wegen der Qualität der Milch. Es sei in der Tat ein Glück, dass sich in der Nähe seines Dorfs so viele Fulbe aufhielten, weil diese, wie er sagte, großartige Hirten seien. Ihre Rinder gäben im Unterschied zum zwergwüchsigen Vieh der Dowayos gute Trinkmilch. Außerdem werde die Milch nicht sauer, weil die Fulbe-Damen hineinpinkelten und sie damit am Gerinnen hinderten. Von da an schränkte ich meinen Milchkonsum ein bisschen ein.

Der Häuptling, der keine Gesellschaft gewohnt war, zeigte bald so ansteckende Ermüdungserscheinungen, dass wir in kürzester Zeit alle vom Gähnzwang befallen wurden. Wir vereinbarten aber, am nächsten Tag einige Kultorte zusammen zu besuchen, und der Häuptling versprach, uns in die Anfangsgründe der Ninga-Kultur einzuführen.

Unsere erste Nacht bei den Ninga schien Matthieus düsteren Prophezeiungen rechtzugeben. Es war ein merkwürdig unruhiger Ort. Ständig wechselten Rindviecher im Anwesen hin und her und wandten sich launisch erst in die eine und dann in die entgegengesetzte Richtung. Es begann in großen, klatschenden Tropfen zu regnen. Matthieu und ich kauerten gemeinsam in einer Ecke der Hütte, während draußen das Vieh gegen die Wände stieß und donnerte und eine immer größer werdende Wasserlache sich über den Boden auf uns zubewegte. Schließlich gab die Grasmatte, die den Eingang versperrte, nach, und eine wilde Herde von Ziegen drängte auf der Flucht vor dem Regen herein. Dem Geruch nach zu schließen, musste es sich hauptsächlich um männliche Tiere handeln. Das Dorf schien auf Ziegenböcke spezialisiert. Möglicherweise war diese Hütte ihre gewohnte Zuflucht, und wir waren die Eindringlinge. Weder Geschrei noch Schläge brachten sie von der Stelle. Als Antwort stießen sie nur mit ihren gemein aussehenden Hörnern und stampften mit den Hufen. Wir spuckten Gift und Galle gegen sie. Sie glotzten uns bösartig an. Schließlich kam mir aus schierer Verzweiflung der Gedanke, sie mit ein paar Blitzen aus meinem Elektronenblitzgerät zu bombardieren, und damit brachte ich sie dazu, in wilder Flucht aus der Hütte hinauszustürmen. Als der letzte alte Bock floh, feuerte er noch eine Abschiedssalve übel riechender Kötel ab.

Jetzt endlich gaben wir es auf, die Mustergäste spielen zu wollen. Matthieu demontierte von der einen Dachseite die morschen kleineren Sparren, während ich mit einer Handvoll Gras von der Bedachung selbst ein Feuerchen in Gang brachte. Bald hatten wir ein ordentliches Feuer brennen und konnten uns, an die Wand gelehnt, einem unruhigen Halbschlaf hingeben. Matthieu las, um sich zu trösten, in seiner französischsprachigen Bibel. Leider hatte er es nicht gelernt, still zu lesen, und deklamierte Vers um Vers mit einer Stimme, deren kummervoller Ton schwerlich geeignet war, die düstere Atmosphäre des Ortes zu zerstreuen.

Am nächsten Tag konnte ich zufrieden feststellen, dass der Häuptling kaum weniger mitgenommen war als wir. Im Rahmen einer Besichtigungstour, die eher touristischen als ernsthaft ethnologischen Maßstäben genügte, wurden nun Stippvisiten bei verschiedenen religiösen Stätten und zeremoniellen Objekten gemacht. Aber Schädel, Töpfe und Tanzvorführungen waren nicht das, wohinter ich her war. Ich schenkte ihnen nur flüchtige Beachtung. Bei meiner Jagd nach den fehlenden Brustwarzen schien es mir wichtig, Suggestivfragen zu vermeiden. Ich wollte Informationen, die ich nicht selber hatte herauslocken müssen, und deshalb saßen Matthieu und ich da, beschränkten uns aufs Beobachten und warteten ab. Bei der ersten Sammlung von ahnenkultlichen Schädeln, die offenbar allesamt mit einer Axt gespalten worden waren, lachte uns das Glück. Wie viele andere heidnische Stammesgruppen in der Gegend folgen auch die Ninga dem Brauch, vor Betreten einer heiligen Stätte die Kleider abzulegen. Während er den Überresten seiner Vorfahren entgegenhumpelte, schlüpfte der Häuptling aus seinem langen formlosen Gewand. Da endlich zeigten sich, für jedermann deutlich sichtbar, zwei flache, missfarbene Flecke an eben der Stelle, wo man männliche Brustwarzen hätte erwarten können. Ich muss gestehen, dass mich einen Augenblick lang ein großes Frohlocken überkam, das Matthieu in keiner Weise zu teilen vermochte. Ihn ließ die Brust des Häuptlings absolut kalt. *Er* hatte anderes im Kopf. Ihm machten amputierte Zehen zu schaffen.

In ihrem kalten nassen Bergnest wurden die Ninga viel von Rheumatismus und Arthritis geplagt, besonders an den Extremitäten. Vor allem die Zehen und Finger neigten offenbar dazu, »alten Männern« – jedem über vierzig – Beschwerden zu machen. Die drastische Antwort der Betroffenen bestand oft einfach darin, mit einer Axt oder Hacke das lästige Glied abzuhacken. Bei seiner Bibellektüre in der vorhergehenden Nacht war Matthieu auf die Stelle gestoßen »Wenn dir deine rechte Hand Ärgernis schafft, so haue sie ab und wirf sie von dir«. Er konnte nicht begreifen, wie es kam, dass unwissende Wilde wie die Ninga einen so offenkundig durch die Bibel inspirierten Brauch praktizierten, während sie gleichzeitig noch im dicksten Heidentum steckten. Das Problem gewann offenbar für ihn die Züge einer Zwangsvorstellung, weil dadurch die scharfe Trennlinie zwischen der schlechten alten heidnischen und der guten neuen christlichen Lebensweise verwischt zu werden drohte. Er setzte mir die Schwierigkeit auseinander, während der Häuptling murmelnd und flüsternd mit den Toten kommunizierte und Bier über den Schädeln verschüttete. Wir wirkten wie ein lächerliches Abbild der Welt im Kleinen. Der Heide machte viel Getue um seine Schädel und nahm nicht die geringste Notiz von meiner fixen Idee, die sich um männliche Brustwarzen drehte, während Matthieus Glaube durch amputierte Finger und Zehen ins Schleudern geriet. Es war schwer, vor der Lächerlichkeit der Situation ganz die Augen zu verschließen.

Der bucklige Bruder des Häuptlings gesellte sich uns bei und schwappte ebenfalls ein bisschen Bier über die Schädel. Als ich mich zu ihm umdrehte, sah ich mit Befriedigung, dass auch bei ihm die Brustwarzen fehlten.

Während wir zu den Hütten zurückgingen, versuchte ich durch Erkundigungen nach den Beschneidungsriten das Gespräch auf Amputationen im Allgemeinen zu bringen, weil ich hoffte, es werde sich herausstellen, dass die Ninga das eine mit dem anderen in einem Zusammenhang sahen. Hatte der Häuptling mir wirklich eine erschöpfende Darstellung geliefert? Ja. Hatte er auch garantiert nichts ausgelassen? Nein. Wie stand es mit der Sakrifizierung des Körpers?

Die Dowayos zum Beispiel schnitten sich häufig geometrische Muster in die Haut. Taten das auch die Ninga? Nein, sie schnitten sich nur Finger und Zehen ab. (Matthieu verfiel sichtlich.) Feilten sich die Ninga vielleicht die Zähne bei der Beschneidung? Möglich, dass es manche taten. In diesem Augenblick trafen wir eine Frau mit nackten Brüsten, die uns als die Schwester des Häuptlings vorgestellt wurde. Auch ihre Brustwarzen schienen entfernt worden zu sein. Mir dämmerte eine schreckliche Wahrheit. Ich schickte alle Zurückhaltung zum Teufel und wies auf ihre Brüste. War sie mit diesen Brüsten zur Welt gekommen, oder (schlauer Einfall) hatte man das gemacht, um sie zu verschönern? Alle lachten. Natürlich war sie so zur Welt gekommen. Wer würde sich schon die Brustwarzen abschneiden? So etwas war doch schmerzhaft.

Nun war also klar, dass die Ninga, was immer sonst noch mit ihnen passiert sein mochte, jedenfalls Opfer genetischer Missbildungen waren. Der Klumpfuß und der Zwergwuchs des Häuptlings, der Buckel seines Bruders, die missgebildeten Brustwarzen bei allen waren insgesamt Folgen ein und derselben angeborenen Abnormität und nicht, wie ich geglaubt hatte, Ausdruck kultureller Symbolik. Meine bittere Enttäuschung wich indes rasch einem Sinn für die Komik der Situation. Matthieu und die Ninga starrten mich an, während ich im einsetzenden Regen auf einem Stein hockte und mehrere Minuten lang ohne erkennbaren Grund lachte. Als wir nach einer weiteren unruhigen Nacht die Ninga verließen, erschien mir das ganze Erlebnis bereits in einem viel positiveren Licht, als ich das vorher für möglich gehalten hätte. Sogar Matthieus Kummer wegen der Füße der Ninga wirkte viel einsichtiger.

In aller Frühe am nächsten Morgen, bevor wir das Dorf verließen, besuchte uns ein anderer Ninga, den wir noch nicht kannten, und bat uns, mit ihm zu kommen. Es wolle uns jemand sprechen.

Wir wurden quer durch das Dorf zu einem Anwesen geführt, das sogar noch verfallener war als unseres. In den ersten tastenden Strahlen der Sonne hockte davor mit eingesunkenen und schlaffen Brüsten eine alte Frau, deren Gesicht voller Falten war und einen merkwürdigen Gegensatz zu ihrem Haar bildete, das dick und üppig war wie bei einem jungen Mädchen. Sie umklammerte meine Knie und redete mich in der Sprache der Dowayos an. Sie hatte gehört, dass die weißen Männer wiedergekommen waren, und wollte vor ihrem Tod noch einmal einen sehen.

Mit zitternder, näselnder Stimme fing sie an, mir ihre Lebensgeschichte zu erzählen. Offenbar war sie von Geburt eine Dowayo. Wie alt sie war, wusste sie nicht. Als junges Mädchen war sie die Geliebte eines Soldaten, eines Weißen, gewesen. Sie verschwand in ihrer Hütte und begann in einem ramponierten Blechkasten zu wühlen. Ihr Sohn, der das alles zweifellos schon viele Male hatte anhören müssen, machte einen zu Tode gelangweilten Eindruck. Nach längerer Suche erschien sie wieder mit dem verblichenen Foto eines ziemlich pummeligen jungen Mannes in der Uniform eines Unteroffiziers der französischen Armee. Eine Widmung auf der Rückseite besagte, das Foto sei für die »schwarze Héloise« von Henri. Sie sah unendlich traurig aus, als sie den Namen nach so vielen Jahren wieder hörte. Was war aus Henri geworden? Er ging in sein Dorf zurück, aber sie hatten zwei Söhne. Leider sind beide gestorben. Dann hatte einer von der einheimischen Kavallerie, ein Ninga, sie genommen. Sie verschwand erneut, kramte noch tiefer in ihrer Kiste und kam mit einem Führungszeugnis in Französisch zurück und mit einer Metallplakette, die offenbar eine Bestätigung war für die Ableistung von Zwangsarbeit im Straßenbau. Ihr Henri hatte es ihr gegeben – als Geschenk. Er hatte es für seine Tapferkeit bekommen und ihr gegeben. Ich fragte mich, ob ihr Sohn, der Französisch sprechen und also möglicherweise auch lesen konnte, über die ziemlich schäbige Art und Weise, wie Henri damals seine Mutter hintergangen hatte, Bescheid wusste. Sein flehender Gesichtsausdruck ließ mich vermuten, dass er es wusste. Ich bewunderte die billige Aluminiumplakette und gab sie ihr zurück. Als wir gingen, erklärte sie, wie gut die weißen Männer immer zu ihr gewesen seien, und gab mir durch Blicke zu verstehen, dass ich nicht so leicht davongekommen wäre, wäre sie nur ein paar Jahre jünger.

Wir trafen uns wieder mit unserem Führer, auf dessen Mütze der Vogel umherhüpfte, und stiegen die Berge hinunter, um in die Welt der Dowayos zurückzukehren – für mich mittlerweile so etwas wie eine Rückkehr zur Normalität.

Wir gingen unseres Wegs, kauten Bananen und waren froh, der Kälte und düsteren Stimmung der Berge zu entrinnen. Plötzlich, ein Krachen in meinen Ohren. Die Brücke auf meinen Vorderzähnen, die ich mir nach einem Autounfall während des vorigen Aufenthalts bei den Dowayos in England hatte machen lassen, war in der Mitte durchgebrochen, und ich stand auf einmal verdattert und zahnlos da.

Für Leute, die im Busch gelebt haben, ist meist typisch, dass sie wenig Respekt vor fremder Kunstfertigkeit haben. Sie sind durchaus in der Lage, Häuser zu bauen, ganze Dörfer anzulegen und kleinere chirurgische Eingriffe vorzunehmen – und das alles mit einer Tatkraft und Selbstsicherheit, die von Überheblichkeit nur so strotzt. Wenn man davon ausging, dass die Fertigkeiten der erreichbaren Zahnärzte sich auf das Allernotwendigste beschränkten, schien es weitaus tunlicher, die Reparatur selber in die Hand zu nehmen. Wie so oft, wenn wir in Schwierigkeiten waren, lenkten Matthieu und ich unsere Schritte zur Missionsstation.

Da die Kronen aus einer Art Kunststoff bestanden, schien es uns am naheliegendsten, sie mit einem Harzkleber zu reparieren. Glücklicherweise hatten meine Missionarsfreunde Jon und Jeannie eine Tube davon in ihrem Werkzeugkasten. Unglücklicherweise brauchte der Kleber sechs Stunden, um fest zu werden. Hoffnung ließ uns ein warnender Hinweis auf dem Etikett schöpfen, der besagte, dass der Kleber unter Hitzeeinwirkung schneller härtete. Im Nu hatten wir eine Lösung für unser Problem ausgetüftelt. Die Zähne wurden mit dem Kleber bestrichen, mit zwei Wäscheklammern an ihrem Ort arretiert und mit einem Föhn getrocknet. Aufs Ganze gesehen war das Verfahren kaum ungemütlicher als die übliche zahnärztliche Behandlung, auch wenn man dabei ziemlich durstig wurde. Wegen der Feuchtigkeit der Oberflächen schlugen zwei Versuche fehl. Aber wieder fand sich eine Lösung. Wie, wenn wir die Kronen vorher im Ofen erhitzten, um sie zu trocknen? Das war ein riskantes Unternehmen. Jon und Jeannie besaßen nur einen uralten Holzofen, dessen Temperatur praktisch unkontrollierbar war. Mich verfolgte das Schreckensbild schmelzender Kronen. Der Koch schürte kräftig das Feuer und bleckte sein eigenes tadelloses Gebiss. Das Glück war uns hold. Mit einem gekonnten Schlenker aus dem Handgelenk riss Jon die heißen Kronen vom Ofen, klatschte Kleber darauf und brachte sie mit Wäscheklammern an Ort und Stelle. Ein Schwall heiße Luft vom Haartrockner schloss die Behandlung ab. Die folgenden Minuten waren unangenehm. Wir hatten nicht berücksichtigt, dass die Hitze aus den Kronen bis zu den Zahnwurzeln durchdringen würde. Immerhin aber blieben die Kronen, wo sie waren, und hielten bis zum Schluss der Reise. Das Problem war nur, dass sie rasch grün wurden, als wollten sie es dem Gebiss meines äffischen Freundes nachtun.

Hauptstraße von Poli: Obwohl die Stadt auf Karten mit großem Maßstab einen ausgedehnten Eindruck macht, über eine Unterpräfektur, eine Tankstelle und eine Rollbahn verfügt, ist der erste Eindruck trostlos. Die Atmosphäre gleicht der einer Grenzstadt im Wilden Westen. Selbst die Hauptstraße ist eine Sackgasse, die sich irgendwo zwischen einem verfallenen Schuppen und wucherndem Gestrüpp verliert.

Das Dowayoland im Norden Kameruns. Die Granitberge erreichen eine Höhe von etwa 1500 Metern. Die Felsvorsprünge gewähren Zuflucht vor Überfällen berittener Fulbe. Die höheren Lagen weisen ein deutlich kühleres Klima auf als die glühend heißen Ebenen und ermöglichen den Anbau ertragreicher Hirsearten. Die Schwierigkeiten der Fortbewegung in solchem Gelände erklärt die Beibehaltung der traditionellen Lebensweise der Dowayos.

Kongle. Die Hütten werden aus getrocknetem Schlamm gebaut mit Strohdächern, die sich in die Landschaft einfügen. Sie sind von einer Palisade oder einer Kaktushecke umgeben. Die Spitzen auf den Dächern sollen Hexenzauber abwehren.

Als Zeichen der Gastfreundschaft wurde dem Autor eine neue Hütte zur Verfügung gestellt – zum Preis von vierzehn Pfund. Die Dowayos hielten eine runde für einem Europäer nicht angemessen und bestanden auf dem Bau einer viereckigen Hütte, wie sie auch die Regierungsbeamten bewohnen. Europäer gelten als »hexenfest«, deshalb wurde die Hexenabwehrspitze auf dem Dach auf Anregung des Häuptlings durch eine Bierflasche ersetzt.

Burse (Rache), der Hund des Häuptlings, erholt sich von der Mittagshitze. Die Wasserkrüge der Dowayo sind unlasiert und luftdurchlässig, so dass die Flüssigkeitstemperatur darin selbst bei größter Hitze immer 10 Grad unter der Außentemperatur liegt. Das darauf eingeritzte Muster lässt sich auch als Tätowierung auf dem Bauch der Frauen und einrasiert ins Kopfhaar der Beschneidungskandidaten wiederfinden, ebenso bei Frauen in Trauer.

Ein Kandidat für die Beschneidung. Der Junge, ausgestattet von seinem »Ehemann«, besucht seine Verwandten und tanzt für sie. Die Kleidung, viel zu warm und unbequem, besteht aus zwei verschiedenfarbigen Gewändern und einem Leopardenfell, ergänzt durch Büffelhörner, Fußglöckchen und eine dekorative Kopfbedeckung. Dieses Kostüm trägt der Junge oft mehrere Wochen oder gar länger, bis die Beschneidung stattfindet.

Beschneidung: Der Junge steht an einen Baum gelehnt, ein Fuß über dem anderen, während der Penis beinahe in der gesamten Länge abgeschält wird. Von dem Jungen wird erwartet, dass er nicht schreit. Hier wurde die Szene während einer anderen Zeremonie nachgestellt. Der Kandidat trägt das Penisfutteral, das für Männer bei allen wichtigen Ritualen vorgeschrieben ist.

Unser Führer zu den Ninga mit seinem zahmen Vogel.

Eine tote Frau wird in ihr Dorf zurückgetragen. Die Tote wird von den Freunden ihres Mannes in Tücher und Kuhhäute eingewickelt und dann zur Bestattung und zur Entfernung des Schädels in den Geburtsort zurückgebracht. Der Ehemann, bekleidet mit dem Blätterrock, tanzt vor den Toten und bläst dabei eine kleine Flöte. Zum letzten Abschiednehmen versetzt er der Verstorbenen einen Tritt.

Nach der Begräbnisfeier wird der Schädel entfernt und vielfältigen Zeremonien unterzogen, um die Seele der Verstorbenen für eine Wiedergeburt vorzubereiten. Diese Schädel wurden mit einem Gemisch aus Blut und Exkrementen beworfen, ehe sie in das Schädelhaus, ihre letzte Ruhestätte, gebracht werden.

Der Vater des Regenhäuptlings zeigt auf die Krüge, die in dieser Gebirgsregion zur Kontrolle des Regens dienen. Die Krüge werden behandelt wie Stellvertreter menschlicher Schädel; man nähert sich ihnen mit äußerster Vorsicht. Es besteht immer die Gefahr, dass Besucher vom Blitz getroffen werden.

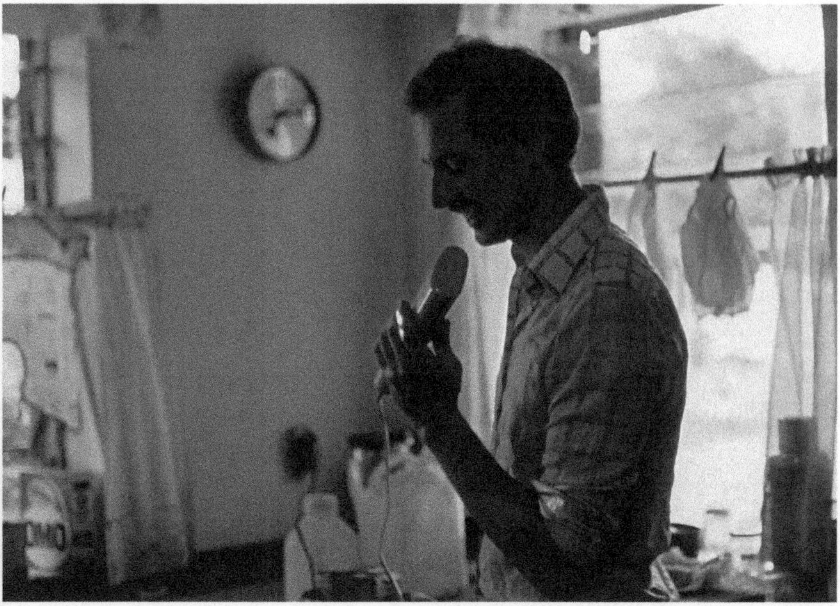

Der Autor greift zur zahnärztlichen Selbsthilfe: Mit Harzkleber und dem Fön der Missionsstation wird die zerbrochene Zahnbrücke repariert und wieder befestigt.

9
Licht und Schatten

Beim Abendessen ging es diesmal hoch her. Pastor Brown hatte sich des Wasserversorgungsprojekts angenommen und eine Konferenz einberufen. Seine neueste Entdeckung war die Sonnenenergie. Er war zu dem durchaus vernünftigen Schluss gelangt, dass es eine skandalöse Verschwendung von Energien sei, wenn Benzin und Paraffin ins Innere Afrikas geschleppt wurden, nur um dort verbrannt zu werden. Nach Durchsicht seiner geliebten Versandkataloge hatte er ein gewaltiges Paneel aus Solarzellen bestellt, das mit der üblichen Verspätung eingetroffen und auf dem Dach seines Hauses montiert worden war. Einfach nur dank der Tatsache, dass dieses Paneel den ganzen Tag über dem gleißenden Sonnenlicht ausgesetzt war, konnte er eine einzelne Glühbirne nachts mehrere Stunden lang dazu bewegen, Licht zu spenden. Daraufhin schaltete er sofort alle anderen Energiequellen ab, was seine Familie zwang, im Schein von Taschenlampen durchs Haus zu geistern, während im Wohnzimmer die Große Glühbirne strahlte. Hier ließen wir uns zum Essen nieder und blinzelten wie Igel im Scheinwerferkegel eines Autos. Um die Große Glühbirne mit Strom zu versorgen, waren in die Decke große Löcher geschlagen worden. Das war bedauerlich, denn der Dachboden war zum Bersten voll von Fledermäusen mit merkwürdig spöttischem Gesichtsausdruck. Von der Großen Glühbirne angezogen, kamen sie im Sturzflug herunter und zogen ihre Kreise, wobei sie riesige Schatten an die Wand warfen. Da die Große Glühbirne sie blendete, krachten sie regelmäßig gegen irgendwelche Hindernisse oder drohten, sich in den Haaren derer, die beim Essen saßen, zu verfangen. Eine der allzeit anwesenden Katzen hatte beschlossen, die Situation zu nutzen, und holte mit unvermittelten Steil- und Hechtsprüngen Fledermäuse aus der Luft herunter, die sie dann in eine Ecke schleppte und unter abscheulichen Malm- und Schlürfgeräuschen verschlang. Von Zeit zu Zeit versetzte das geflügelte Gesindel Pastor Brown in so blindwütige Raserei, dass er mit dem Luftgewehr, das an seinem Stuhl lehnte, ein paar Salven abfeuerte, wobei er wild auf Fulbisch brüllte. Die Gäste, die Katze und die übrigen Familienmitglieder gingen dann zu Boden, während Fledermausfetzen und Gipskartonbrocken ins Essen herunterregneten.

Der katholische Missionar am Ort und der Doktor waren ebenfalls anwesend, zusammen mit einem jungen Mann vom Friedenskorps. Alle waren voll ökumenisch guten Willens. Jeder sagte etwas Nettes über die Große Glühbirne und sah geflissentlich über die Fledermäuse hinweg.

Im Einklang mit den Wunschvorstellungen des Unterpräfekten fasste man den Beschluss, der Stadt die bereits oben erwähnte Versorgung mit sauberem Trinkwasser zu verschaffen. Das war in der Tat ein dringendes Bedürfnis. Die meisten Todesfälle in der Gegend gingen auf Krankheiten zurück, die durch Wasser übertragen wurden. Es hatte wenig Sinn, dass der Arzt seine Zeit und Medikamente für die Behandlung der Bilharziose und anderer parasitär bedingter Erkrankungen opferte; denn sobald die Leute wieder dem Fluss nahekamen, um, wie gewohnt, ihre Wäsche darin zu waschen, aus ihm zu trinken und ihre Abfälle hineinzukippen, steckten sie sich erneut an. Man diskutierte über verschiedene Möglichkeiten. Es wurde vorgeschlagen, eine

Reihe von Brunnen anzulegen. Das wäre unbezahlbar teuer geworden. Außerdem waren Brunnen anfällig für Verunreinigungen. Schließlich entschied man, der einzige gangbare Weg sei, das Wasser einem der nie versiegenden Flüsse in den Bergen zu entnehmen, dort, wo die Dowayos zu Hause waren. Das war der Punkt, an dem ich ins Spiel kam.

Gemeinschaftsprojekte dieser Art machen immer einen eminent sinnvollen Eindruck. Sich ihnen zu widersetzen, wirkt egoistisch und herzlos. Oft indes stecken sie voll Schwierigkeiten praktischer wie auch ethischer Natur. Die Beweggründe der Beteiligten sind nie ganz eindeutig.

Der Arzt hegte die durchaus vernünftige Hoffnung, mit einem Schlag die Hauptkrankheitsursache bei seinen Patienten zu beseitigen. Verunreinigtes Wasser war in der einheimischen Bevölkerung für die meisten Erkrankungen verantwortlich, die entweder direkt zum Tode führten oder aber die Betroffenen so sehr schwächten, dass diese dann Infektionen zum Opfer fielen, die unter anderen Umständen harmlos verlaufen wären. Er war es leid, Dörfler zu behandeln, die sich, sobald sie nach Hause kamen, neu ansteckten. Sauberes Wasser war das Einzige, was den Teufelskreis durchbrechen konnte.

Der Mann vom Friedenskorps brauchte zweifellos ein großes Projekt mit einem Finanzhaushalt, um seine eigene Existenz zu rechtfertigen und sich bei seinen Vorgesetzten lieb Kind zu machen. Als jemand, der Geld und Arbeit zu vergeben hatte, gewann er zugleich an Macht.

Den Missionaren lag das leibliche Wohl der Einheimischen gewiss am Herzen, aber ihnen war ohne Frage auch klar, dass sie durch die Kontrolle über das Wasser die Macht des Regenhäuptlings brechen und damit den heidnischen Glauben unterminieren konnten.

Mir, dem Ethnologen, war am unbehaglichsten von allen zumute. Die Ethnologie hat es zwar mit Menschen zu tun, aber sie erforscht sie aus einer gewissen Distanz und betrachtet sie nicht so sehr als Einzelne, sondern als Repräsentanten einer bestimmten kollektiven Kultur. Theoretisch gesehen, sind die Erforschung des Verhaltens einer bestimmten Volksgruppe und der Versuch, auf dieses Verhalten Einfluss zu nehmen, zwei verschiedene Dinge, auch wenn kein Ethnologe seine Gruppe so wieder verlässt, wie sie vorher war. Ich wünschte niemandem eine endemische Krankheit, aber ich hatte meine Zweifel daran, ob das Vorhaben sich anders als auf Kosten der Dowayos durchführen ließ. Wenn das Wasser aus den Bergen geholt und in die Stadt geleitet wurde, würde das den Dowayos so vorkommen, als nähme man ihnen das Wasser weg und gäbe es den fulbischen Eindringlingen. Normalerweise durfte das Wasser aus diesen Bergen sogar von den Dowayos selbst nur mit ausdrücklicher Erlaubnis des Regenhäuptlings getrunken werden, da er ja die Verfügung darüber hatte. Das Wasser war lebenswichtig für die Bewässerung der Bergregion und für den Unterhalt des Zwergviehs, dem die ganze Liebe der Dowayos gehörte. Ich kannte die dortigen Verhältnisse gut genug, um voraussehen zu können, dass der Großteil der Bauarbeiten den Dowayos aufgebürdet werden würde. Die Dowayos würden alles andere als scharf auf diese Arbeit und höchstens nach ihren eigenen Gepflogenheiten und unter ihren eigenen Bedingungen dazu bereit sein. Der Unterpräfekt war gleichfalls ein sturer Kopf und würde bei einem Unternehmen, das so offensichtlich dem großen Ganzen diente, keinen Widerstand dulden. Wenn die Dowayos nicht freiwillig arbeiteten, würde man sie zur Arbeit zwingen. Für diejenigen, die ich nachgerade in unvermeidlich paternalistischer Manier als »meine« Leute betrachtete, sah ich eine Menge Leid und Schwierigkeiten voraus. Meine Forderung nach Sicherstellung der Zugangsrechte der Dowayos zum Fluss fand zwar zugegebenermaßen ein gewisses zustimmendes Nicken, aber wieweit man darauf etwas geben konnte, war schwer zu beurteilen.

Ich weiß bis heute nicht, wie das Projekt ausging, ob es von Erfolg gekrönt war oder nicht, ob seine finanzielle Ausstattung sich unterwegs still und heimlich verkrümelte, ob es in Verbitterung oder in Trägheit zugrunde ging. Das Letzte, was ich davon hörte, erzählte mir unmittelbar vor meiner Abreise nach England der Unterpräfekt. Ihm zufolge sprachen die neuesten Kostenvoranschläge dafür, zur Versorgung der Stadt kurzerhand den ganzen Fluss in eine Rohrleitung zu packen und unterwegs auf alle Zugangsmöglichkeiten für die Dowayos zu verzichten, da die zu teuer werden würden. Das würde anfangs zu einigen Unbequemlichkeiten und Anpassungsproblemen führen, aber das Wasser wäre jedenfalls effektiver genutzt, und schließlich könnten die Dowayos ja auch umziehen.

Alle Versammelten außer mir selbst und den Fledermäusen schienen sich bestens unterhalten zu haben und brachen in der rosigen Stimmung von Leuten auf, die gerade eitel Altruismus unter Beweis gestellt haben. Ich hingegen war mehr als nur ein bisschen deprimiert, als ich allein zum Dorf zurücktrottete. Als Ethnologe wollte ich nicht, dass dem Regenhäuptling das Wasser abgegraben wurde. Er war ein alter Schurke, aber ich mochte ihn. Und außerdem fand ich ihn interessant.

Der dörfliche Friede wirkte merkwürdig gestört. Im Busch konnte man Männer reden hören. Die Luft war von einem seltsamen Gemurmel erfüllt. Der Himmel leuchtete in einem unheimlichen Licht, als sei die Große Glühbirne von irgendeiner wundersamen Macht mitten ins Dorf versetzt worden.

Wenn man Schlimmes befürchtet, denkt man immer zuerst an die eigenen Dinge. Wahrscheinlich war eine Hütte in Brand geraten. Irgendwie war ich sicher, dass es meine war. Meine sämtlichen Aufzeichnungen über die einheimischen Heilverfahren, meine Kamera und meine Ausrüstung, meine Papiere und Tonbandaufnahmen gingen garantiert gerade in Flammen auf. Ich setzte mich in Trab und langte erhitzt und aufgelöst an der Kaktushecke an.

Ein seltsamer Anblick empfing mich, als ich zwischen den stachligen Pflanzen hindurchspähte. Wie es schien, wurde ich vom Kino verfolgt. Auf dem Dorfplatz war eine große Menschenmenge versammelt. Praktisch alle Dowayos, die nicht bewegungsunfähig waren, die Krummen und die Lahmen eingeschlossen, hatten sich vor dem Heiligtum für die Toten, in dem auch die Schädel der geschlachteten Rinder aufbewahrt werden, versammelt.

Unmittelbar vor dem Heiligtum war eine Leinwand entrollt worden und erstrahlte im grellen Schein eines Filmvorführapparats. Drüben an der einen Seite des Platzes stand ein ganzes Geschwader von schimmernden Landrovern, deren Türen die Abzeichen irgendeiner Behörde der Vereinten Nationen zierten.

Auch wenn ihr die ökologische Ausstrahlung der Großen Glühbirne abging, war die Apparatur eindrucksvoll. Die Energie kam von einem der Autos mit sanft surrendem Motor. Kleine Jungen hatten sich um das Auto versammelt, fingerten mit der für ihr Alter typischen Neugier an den schnell laufenden Teilen der Maschine herum und scherten sich kein bisschen um den Film. Erfüllt von experimentellem Forscherdrang steckten sie ihre Bogen und Pfeile in den Mechanismus und wollten sehen, was passierte. Ein riesiger, zorniger Mann mit Schirmmütze verjagte sie von Zeit zu Zeit.

Eine Gruppe alter Dowayo-Damen, gehüllt in die zahlreichen Schichten ihrer unförmigen Witwentracht, hatte in dem dicken Staub unterhalb der Leinwand Platz genommen. Sie ließen eine Kalebasse mit Erdnüssen im Kreis gehen, kauten tapfer auf den harten Schalen herum, spien deren Reste anmutig zur Seite aus und widmeten dem Film dieselbe geteilte Aufmerksamkeit, mit der sie auf die Ziegen ihrer Söhne aufzupassen pflegten. Ihr eigentliches Interesse galt dem skandalösen Betragen einer der jungen Damen des Dorfes. Die zerfetzten sie genüsslich in der Luft.

Lebhafte Unterhaltung kam auch von einer Gruppe jüngerer Frauen, die mit den Augen an der Leinwand hingen, während ihre Hände mit geübten Bewegungen über einem Haufen Rindenstreifen hin- und herfuhren, den sie zu Körben in Halbkugelform verarbeiteten. Später strichen sie dann die Körbe innen noch mit Kuhmist aus, damit man Lebensmittel in ihnen aufbewahren konnte.

Matthieu und Zuuldibo, die meine Rückkehr nicht bemerkt hatten, standen bei einem stark behaarten Weißen, offenbar dem Leiter der Veranstaltung, und stritten mit ihm über die Summe, die Zuuldibo dafür forderte, dass er die Filmvorführung im Dorf erlaubt hatte. Ich schlich mich leise hinten herum auf den Platz und setzte mich auf ein paar Baumwurzeln, die sich freundlicherweise anboten. Affen waren keine zugegen.

Den Schilderungen, die ich später erhielt, konnte ich entnehmen, dass ich den ersten Teil der Vorstelllung, einen Zeichentrickfilm mit Tom und Jerry, verpasst hatte. Mittlerweile lief bereits der zweite Beitrag, eine ziemlich makabre Darbietung über den Zusammenhang zwischen Moskitos und Malaria, die den Dörflern dringend ans Herz legte, zur Verhütung der Letzteren Ersteren den Garaus zu machen.

Für den Ethnologen war dies eine ideale Gelegenheit, einige Beobachtungen über die Anthropologie des Gesichtssinns anzustellen; denn an eine experimentelle Apparatur, wie sie sich hier bot, war normalerweise nicht einmal im Traum zu denken. Bei vorangegangenen Untersuchungen hatte ich festgestellt, dass ältere Dowayos offenbar außerstande waren, auf Fotografien menschliche oder tierische Gesichter als solche zu erkennen. Sie hatten das einfach nie gelernt. Ich war gespannt zu sehen, wie sie jetzt auf ihre erste Kinovorstellung reagieren würden. Die jüngeren Männer waren natürlich alle schon in der Stadt gewesen und hatten von den Vergnügungen der Moderne wie dem Kino gekostet. Dass die alten Frauen noch nie etwas zu Gesicht bekommen hatten, was dem Gebotenen auch nur im Entferntesten ähnelte, stand fest. Ich machte es mir bequem und stellte im Geist die Liste von Fragen zusammen, die ich den Leuten vorlegen würde. Mit ein bisschen Glück würde das ein netter kleiner Artikel werden.

Die Reiseliteratur ist voll von Berichten über die Reaktionen naiver Eingeborener auf die Vorführung eines Films. So lässt sich etwa von den Leuten erwarten, dass sie um die Leinwand herumgehen, um auf der Rückseite nach den Leichen der erschossenen Cowboys zu suchen. Andere Völker haben wieder andere Probleme mit dem Zelluloidstreifen. Sie akzeptieren zwar die Immaterialität und Körperlosigkeit der erscheinenden Gestalten, wollen aber durchaus nicht glauben, dass die Cowboys nur Schauspieler sind und nicht tatsächlich erschossen werden, sondern bloß so tun als ob. Andere Ethnologen drückten Eingeborenen Fotoapparate in die Hand und machen großes Aufhebens davon, dass diese sie gegen die eigenen Füße richteten. Die Dowayos ließ das Ganze völlig kalt.

Widerliche, verseuchte Moskitos liefen in überdimensionaler Größe geifernd über die Leinwand und stießen gezackte Rüssel wie Sägezähne in menschliches Fleisch. Unmittelbar darauf erschienen schmerzverzerrte, schweißüberströmte menschliche Gesichter in Großaufnahme und legten – für den Betrachter – die Annahme eines ursächlichen Zusammenhangs nahe. Aus Lautsprechern, die auf dem Dach eines der Landrover angebracht waren, dröhnte kriegerische Musik, während eine Karte des afrikanischen Kontinents gezeigt wurde, über die sich eine dunkle Wolke wie Rotwein auf einem Tischtuch ausbreitete. Im Hintergrund hörte man ganz schwach den französischen Begleittext, übertönt von dem Mann mit der Schirmmütze, der aus dem Stegreif seinen eigenen Kommentar in fulbischer Sprache zum Besten gab. Die alten Damen kauten ungerührt ihre Erdnüsse und erschlugen gelegentlich einen der Moskitos, die in ungeheurer Menge vom Licht angelockt wurden und eifrig damit beschäftigt waren, sich an den Zuschauern gütlich zu tun.

Irgendwann bemerkte mich der stark behaarte Weiße und kam zu mir herüber. Wir umkreisten und beschnupperten uns wie misstrauische Hunde. Er war, wie sich herausstellte, ein Deutscher. Er wirkte zutiefst gekränkt darüber, dass der Film auf so geringes Interesse stieß, und berichtete mit sichtlicher Genugtuung, die Menschen ergriffen gelegentlich vor den Aufnahmen der ins Riesige vergrößerten Insekten schreiend die Flucht. Das hatte ihn zu einer Art Theorie der Wirkung von Vergrößerungen animiert. Die Menschen nahmen die Wirklichkeit nur wahr, wenn sie groß genug war. Die Welt ließ sich nur mithilfe von Vergrößerungstechniken verändern. Hatte nicht die Erfindung der Lupe unsere Sichtweise der Dinge verändert? Die Kamera würde in diesem Punkt noch größere Wirkungen erzielen. Wie von ungefähr fiel mir dabei eine Karikatur ein, die ich einmal gesehen hatte und auf der ein riesiges Kaninchen die Wolkenkratzer von New York über den Haufen warf. Darunter stand: »Wenn das ein Gorilla wäre, bekämen es die Leute mit der Angst zu tun.« Ich war so klug, meine Reminiszenz für mich zu behalten. Normalerweise, verriet er mir, zeige er den Leuten nicht mehr als einen ernsthaften Film auf einmal, weil sie sonst in Bezug auf die Information, die er ihnen vermitteln wolle, leicht durcheinander kämen. Da aber der Moskito-Film nicht sonderlich gut angekommen sei, frage er sich, ob er nicht noch ein heißes kleines Stück über Geburtenregelung nachschieben solle.

Er habe es schon seit einiger Zeit auf Lager, habe aber immer gezögert, es einem Publikum vorzuführen, das auch nur zum Teil muslimischen Glaubens sei. Da die Leute hier alle Heiden seien, müsse man mit Problemen doch sicher nicht rechnen.

In westlichen Gesellschaften scheint man zwangsläufig davon auszugehen, dass Probleme der Moral und der Ethik das ausschließliche Privileg der großen Weltreligionen sind und dass Schuldgefühle und Bestrafungsängste einfach nur bösartige Ideen sind, die von eifernden Missionaren in Umlauf gesetzt werden.

Auch wenn die Dowayos hingebungsvoll der Unzucht frönen und für ihre Freizeitunterhaltung Ehebruch etwa dieselbe Rolle spielt wie bei uns das Fernsehen, sind sie doch zugleich prüde. Ehepartner dürfen einander nicht nackt sehen. Verstoßen sie dagegen, hat das bittere Folgen. Der Mann wird von Starrsucht befallen, die Frau erblindet. Für einen Jungen darf die Mutter oder Schwester als Geschlechtswesen nicht existieren. Für diese wiederum wären Anspielungen auf die Sexualität eines männlichen Verwandten eine entsetzliche Schande. Die penetrante Obszönität der Rituale, die Männern vorbehalten sind, liefert den gängigsten Vorwand, um zu erklären, warum die Frauen von den wichtigsten Aktivitäten durchweg ausgeschlossen bleiben. Eine wirklich enge gleichgeschlechtliche Freundschaft zeichnet sich dadurch aus, dass die Freunde sich zotig unterhalten dürfen und in der Tat auch müssen, wollen sie nicht Gefahr laufen, dass ihre Beziehung in die Brüche geht.

Wenn ich auf dem Dorfplatz um mich blickte, sah ich Marie, die dritte Frau des Häuptlings, zusammen mit ihren Brüdern, die aus den Bergen zu Besuch gekommen waren und von denen einer seine kleine Tochter auf dem Schoß hatte. Drüben auf der anderen Seite saß eine ehrwürdige Mutter, ihre Söhne und Enkel respektvoll hinter ihr aufgereiht. Auf dieses Publikum einen Film eindeutig sexuellen Inhalts loszulassen, war eine große

Versuchung. Es wäre zweifellos die Nagelprobe darauf, wer von ihnen mitbekam, was sich auf der Leinwand abspielte. Innerlich stellte ich mir vor, was passieren würde – wie sie in alle Richtungen davonstoben, mit Gesichtern rot vor Scham, schreiend vor Empörung, mit abgewandten Gesichtern, gesenkten Blicken, die Hände in tiefster Verlegenheit vor dem Geschlecht.

In jedem von uns steckt einer, dem es Spaß macht, Fensterscheiben zu zerschmeißen oder auf altjüngferliche Tanten, die beim Kaffeekränzchen sitzen, Mäuse loszulassen beziehungsweise ihren Kaffee mit einem Schuss Whisky zu würzen. Den Film über die Geburtenregelung vorzuführen war eine äußerst verführerische Vorstellung. Aber ich wusste, dass die Dorfbewohner nicht einfach nur ein bisschen schockiert sein würden, in der Weise, dass sie dann später selber darüber würden lachen können. Die Folge würde vielmehr eine tiefe und dauerhafte Verletzung ihres Schamgefühls sein. Getrennte Vorführungen für Männer und Frauen wäre die einzig mögliche Lösung gewesen.

Weitere Nachfragen ergaben, dass der Film schwedischer Herkunft war und dass in ihm nur Weiße mit unkenntlich gemachten Gesichtern mitwirkten. Was die Dowayos daraus machen würden, war schwer vorherzusagen. Voraussichtlich würden sie aber kaum etwas Vernünftiges, die Geburtenregelung betreffend, aufnehmen können und sich an den Nebensächlichkeiten der Darbietung festbeißen. An Geburtenregelung sind die Dowayos definitiv nicht interessiert. Das verbindet sie mit den Westafrikanern ganz allgemein. Mit einem gewissen Recht ist bemerkt worden, dass das Einzige, was man im inländischen Postdienst gefahrlos verschicken kann, empfängnisverhütende Mittel sind. Die Dowayos wollen so viele Kinder wie möglich, und Unfruchtbarkeit wird häufig als Scheidungsgrund angegeben. »Beackert ein Mann ein Feld, um nichts darauf zu ernten?«, um es mit Zuuldibos taktvollen Worten zu sagen. Darin darf man keine dumme, selbstsüchtige Hemmungslosigkeit sehen, die blind ist gegen ökologische Erfordernisse. Die natürliche Fruchtbarkeit der Dowayos wird durch endemisch auftretende Geschlechtskrankheiten, unausgewogene Ernährung und die Verstümmelungen bei der Beschneidungszeremonie so stark beeinträchtigt, und die Sterblichkeit im Kleinkindalter ist derart hoch, dass die Gefahr einer Bevölkerungsexplosion nicht besteht. Betrübt ging der Deutsche und packte seine Sachen zusammen.

Den unverhofften Glücksfall dieser Filmvorführung nutzend, nahm ich gleich am nächsten Tag meine Untersuchungen in Sachen Anthropologie des Gesichtssinns auf. Ich steuerte die Gruppe schwatzhafter alter Damen an, die bei der Vorführung dabeigewesen waren und die ich alle namentlich kannte. Ihre Schilderungen von dem, was sie zu sehen bekommen hatten, waren verständlicherweise konfus. In Westafrika ist es selten so, dass Akteure und Zuschauende einander klar unterschieden gegenüberstehen, wobei von den Letzteren erwartet wird, dass sie schweigend beobachten, was die Ersteren machen. Eine so scharfe Trennlinie zwischen den beiden Gruppen gibt es nicht. Die »Zuschauer« erwarten, dass sie sich am Tun der »Schauspieler« in einer Weise beteiligen können, die bei den meisten westlichen Theateraufführungen Grund genug wäre, die Betreffenden des Saales zu verweisen. Was den alten Damen im Gedächtnis geblieben war, waren die witzigen Bemerkungen, die sie selber in Reaktion auf das Schauspiel, das man ihnen vorführte, gemacht hatten. Manche waren außerdem so alt und vom grauen Star befallen, dass sie nur eine sehr nebulöse Vorstellung von dem Geschehen auf der Leinwand zurückbehalten hatten. Wie groß die Beeinträchtigung in dieser Hinsicht war, wurde mir klar, als ich feststellen musste, dass jede von ihnen bei der Aufzählung derer, die noch in der Gruppe gewesen waren, ganz verschiedene Namen nannte.

Bei den jüngeren Leuten hatte ich mehr Glück. Da gab es einige interessante Interpretationen zu notieren. In Tom, dem Kater aus dem Trickfilm, hatte man ganz generell einen Leoparden erkannt. Ihm fehlten zwar die Flecken, aber er war auch ohne die Streifen, die in der Gegend der Dowayos für Katzen allgemein typisch sind; Katzen sind dort durchweg getigert.

Die meisten schienen ein erstaunlich kohärentes Bild von dem Geschehen auf der Leinwand gewonnen zu haben. Ich hatte den Film zwar in der Tat bei dieser Gelegenheit nicht gesehen, erinnerte mich aber sehr gut an ihn aus meinen liederlich verbrachten Jugendjahren. Matthieu und ich machten fleißig Notizen. Es war zum Beispiel interessant, dass die Dowayos in Formen berichteten, die ihren Volksmärchen entsprachen, und dass sie ihre Schilderung mit der stereotypen Wendung beschlossen: »Damit … ist die Geschichte aus.«

Erst nach mehreren Tagen Arbeit bekam ich dann heraus, dass sich unmittelbar nach der Vorführung alle Männer – einigermaßen mystifiziert – ums Feuer versammelt hatten, während einer der jungen Männer – ein in der Kunst der Deutung von Filmen erfahrener Städter – ihnen die Filmhandlung als Volksmärchen präsentierte.

Was die Lehren aus dem Moskitofilm angeht, so waren diese, fürchte ich, an die Zuschauer im Großen und Ganzen verschwendet. Natürlich räumten die Leute, wie sie mir versicherten, ein, dass die riesigen geifernden Moskitos, die sie auf der Leinwand zu sehen bekommen hatten, eine Gefahr bilden und sogar einen Menschen töten konnten. Gott sei Dank waren die Moskitos bei ihnen ganz anders – winzig im Vergleich dazu. Die auf der Leinwand waren größer als ein Mensch gewesen. Wie hatte dem Weißen dieser Unterschied nur entgehen können?

10
Jagdfieber

Gegen Ende der Dürrezeit zeichnet sich ein Dowayo-Dorf dadurch aus, dass seine Bewohner einen fieberhaften Schaffensdrang an den Tag legen. Die Dowayos leben in einer äußerst klar gegliederten Welt. In der Regenzeit, sobald der Regenhäuptling die Regengefäße mit den Medizinen behandelt und die Sturmwolken am Himmel zusammengezogen hat, ist eine bestimmte Gruppe von Tätigkeiten gestattet. In der Dürrezeit, nachdem die Regengefäße trockengerieben oder mit Feuer gereinigt sind, darf eine andere Reihe menschlicher Fertigkeiten ausgeübt werden. In der nassen Jahreszeit Geschäfte zu verrichten, die der trockenen Zeit vorbehalten sind, und umgekehrt, bedeutet eine Störung der kosmischen Ordnung und kann verheerende Folgen für alle haben. Wenn so etwas geschieht, werden die Hände des Schuldigen mit Furunkeln übersät oder Frauen haben Fehlgeburten oder Tongefäße zerplatzen. Eine ebenso scharfe Trennlinie scheidet die Tätigkeiten von Männern und Frauen. Ein Mann darf niemals Wasser aus dem Brunnen holen. Das ist Frauenarbeit. Eine Frau darf niemals Stoffe weben. Das ist Männersache. Die Dowayos leben ganz zufrieden mit diesem Netz von Verboten. Sie haben das beruhigende Gefühl, zu wissen, wo etwas getan werden muss und wann der richtige Zeitpunkt dafür ist. Der Ethnograf lernt die Antwort kennen und fürchten: »Darüber zu reden ist jetzt nicht an der Zeit. Es ist nicht der richtige Augenblick dazu.« Durch keine noch so große Schmeichelei, keine Bekundungen tiefster Enttäuschung lässt sich ein Dowayo rühren, sobald feststeht, dass für bestimmte Dinge nicht der rechte Zeitpunkt ist.

Am Ende der Dürrezeit hat sich immer ein Rückstand von Dingen angesammelt, die nicht erledigt oder nicht fertig geworden sind. Für Reparaturen am Dach, die gerade im Gange sind, muss Gras geschnitten werden. Die Töpferinnen müssen all die Gefäße brennen, die rund um das Anwesen zum Trocknen aufgehängt sind. Der Jäger muss seinen Bogen am Heiligtum für wilde Tiere aufhängen und ein Eieropfer darbringen. All das muss geschehen, ehe der Regenhäuptling den Beginn der Regenzeit verkündet und solche Tätigkeiten nicht mehr erlaubt sind. In solchen Augenblicken tritt im normalen Schlendrian des Dowayo-Lebens ein grundlegender Wandel ein. Ein Besucher, der dann gerade vorbeikäme und Berichte von dem rasenden Fleiß und der protestantischen Ethik dieses kleinen Bergstamms mitbrächte, würde denen, die mit den Dowayos näher vertraut sind, ganz schöne Rätsel aufgeben.

Die Beschränkungen, denen die Arbeit unterliegt, sind damit noch nicht erschöpft. Hinter der scheinbaren Gleichförmigkeit eines Lebens, das sich um Rinder und Feldwirtschaft dreht, verbirgt sich ein System von Abgrenzungen, das jeden Werftarbeiter mit Neid erfüllen könnte. Nur Schmiede dürfen schmieden. Nur die Frauen von Schmieden dürfen Töpfe machen. Jäger dürfen keine Rinder halten. Regenmacher und Schmiede dürfen sich nicht begegnen. Jede Tätigkeit hat ihre Verpflichtungen und potentiellen Gefahren. Jedes Versäumnis, sich vorzusehen und Verbote zu beachten, hat Folgen für die gesamte Gemeinschaft.

Angesichts all dessen fängt der Ethnologe an, sich nach einem »Studium materieller Kulturgüter« zu sehnen.

Ausnahmsweise herrscht einmal kein Mangel an Dingen, mit denen sich der Beobachter beschäftigen kann. In dieser Phase fieberhafter handwerklicher Tätigkeit ist das Problem für ihn eher, wo er zuerst hinschauen soll.

Es ist ein deutliches Zeichen für die anomale Position, die der von außen kommende Feldforscher einnimmt, dass er fast all die Verbote, denen die Dowayos Folge leisten müssen, getrost ignorieren kann. Wenn er Frauenarbeit macht, ist das einfach ein Witz, eine Geschichte, die man unter Gekicher am Lagerfeuer zum Besten geben kann. Unvermeidlich wird er sich als grenzenlos unfähig erweisen, durch seiner Hände Arbeit tatsächlich etwas herzustellen. Beim Töpfern verbrennt er sich die Hände. Von der Webarbeit gefangen genommen, verheddert er sich garantiert in den Fäden, stürzt den Webrahmen auf die Erde und verdirbt das taschentuchgroße Stück Stoff, an dem er stundenlang gesessen hat. All das gehört zu dem Unterhaltungsbeitrag, den er jenen schuldet, die sich seine Anwesenheit gefallen lassen. Er sorgt für Abwechslung, spielt den Clown. Besonders begeistert waren die Dowayos von dem Korb, den ich unter den scharfen Augen der alten Frau von gegenüber flocht. Als ich sie eines Tages antraf, wie sie unter dem Schatten spendenden Vordach saß und flink mit Baumrinde und Schilfrohr hantierte, war ich von diesem Musterbild ländlicher Häuslichkeit fasziniert. In der Eleganz und Sparsamkeit ihrer Bewegungen steckte etwas zutiefst Therapeutisches und Besänftigendes. Es half alles nichts, ich musste es selbst probieren.

Der bloße Anblick eines Mannes, der Körbe flicht, genügt, um ein ganzes Dorf sich vor hysterischem Lachen biegen zu lassen. Die Dame, die mich unterwies, lachte Tränen. Zuuldibo, der kam, um zu sehen, was los war, brach in schallendes Gelächter aus und ahmte den Ausdruck wütender Konzentration nach, den mein Gesicht zeigte. Ich konnte ihn förmlich dies Gesicht machen sehen, wenn er die Geschichte später vor den Männern zum Besten gab. Die Kinder starrten mich mit abgrundtiefer Verwunderung an. Hier passierte etwas, das jeder Erklärung Hohn sprach. Die Form, die der Korb unter meinen ungelenken Fingern annahm, erregte äußerste Heiterkeit. Die Körbe der Dowayos sind herkömmlicherweise rund und flach. Für die Form meines Korbes hielt die Geometrie keinen Namen bereit. Er war elliptisch, auf einer Seite leicht eckig, auf der anderen zuverlässig gerundet. Auf halber Höhe hatte er eine Art Ausbuchtung, die durch kein Ziehen und Zerren zu beseitigen war. Er wies rätselhafte lose Enden auf, an denen er auszufransen drohte. »Wohin kommt dieses Teil?«, fragte ich. Die Leute schrien vor Lachen. Zuuldibo schlug sich mit der Faust auf den Schenkel und hielt sich vor Lachen den Bauch. Er wiederholte meine Frage. Auch die würde Eingang in seine Geschichte finden. Mein Assistent sah gequält aus und stahl sich davon. Wieder einmal blamierte ich ihn.

Der einzige säuerliche Ton kam von meiner Nachbarin Alice. Alice war ein Drachen. Diesen Ausdruck kennen die Dowayos nicht. Sie bezeichneten sie unverblümter als »bittere Vagina«. Ich erfuhr nie, was ihr Leben verbittert hatte und welche Treulosigkeit oder Enttäuschung einen so unerfreulichen Charakter hervorgebracht hatte. Wie auch immer, sie bewies jedenfalls eine so durchgängige Neigung zur Unfreundlichkeit, dass mir unbegreiflich war, wie sie der Anschuldigung hatte entgehen können, eine Hexe zu sein – ein Los, das nervtötende oder einschüchternde Frauen in Afrika normalerweise ereilt. Ihre Söhne hatten in ständiger Furcht vor ihrer scharfen Zunge gelebt und eine sogar nach Ansicht der Dowayos unanständig frühe Heirat zum Anlass genommen, in die Sippe ihrer Frauen überzusiedeln – indem sie erklärten, sie seien für eine Erlegung des vollen Brautpreises zu jung und müssten deshalb für die Brautväter arbeiten. Alice hatte schon vor langer Zeit den letzten einer Reihe von eingeschüchterten Ehemännern zu Tode gepiesackt und war rasch aus dessen Dorf entfernt worden. Im hohen Alter war sie zurückgekehrt, um Zuuldibo, ihrem Neffen, das Leben schwer zu machen. Auch wenn sie sonst an Knochenschwund litt und bei der Feldarbeit weitgehend auf die Hilfe anderer angewiesen war, hatte sich jedenfalls ihre Zunge gesund und rüstig erhalten.

Ihre Äußerungen zu meiner Korbflechterei waren wenig freundlich und frei von der Absicht, hilfreich zu sein. Um sie herum erstarb das Lachen wie die Blüten unterm Raureif. Wenn sie mich mit ihren Ansichten über irgendetwas beehrte – und sie hatte über die meisten Dinge sehr entschiedene und fest gefügte Ansichten –, kam sie ständig auf die Übel des Junggesellendaseins zu sprechen, denen sie die Segnungen der Ehe entgegenstellte. Das schlagendste Gegenargument zu ihrer Beweisführung war sie selber. Der vorliegende Fall aber war zu viel für sie. Ein Mann, der wirklich und wahrhaftig einen Korb flocht! Vor ihrer ätzenden Zunge räumte ich das Feld und versteckte die Frucht meiner jungfräulichen Kunstfertigkeit. Während meines gesamten Aufenthalts baten immer wieder Dowayos, den Korb sehen zu dürfen, und konnten sich dann vor Lachen kaum einkriegen.

Ich hatte viele Gründe, Alice dankbar zu sein. Nachdem ich mich im Dorf etabliert hatte, entdeckte ich, dass der Häuptling mir, dem Fremden, nur deshalb in seinem Anwesen zu wohnen erlaubt hatte, weil er mich als Puffer zwischen sich und Alice brauchte. Sie konnte sich zu jeder Tageszeit bequem über die niedrige Trennmauer zwischen uns lehnen und reden, reden, reden. Im Laufe eines Vormittags bekam ich von ihr eine größere Sprachdosis verabreicht, als man normalerweise in einer Woche erhoffen konnte. Das tat mir gut. Zuuldibo kicherte und bemerkte, den meisten Nutzen davon würde meine Verwendung der Verneinungsformen haben. In ihren zahlreichen und ausführlichen Verlautbarungen äußerte Alice nie über irgendjemanden irgendetwas Nettes.

In der Ethnologie wird das Vergnügen, das eine Sache bereitet, häufig als ungefährer Gradmesser für das Verständnis gebraucht, das man von ihr hat. Das läuft dann darauf hinaus, dass ein Ethnologe, der bei dem fremden Volk, mit dem er in Kontakt kommt, irgendetwas nicht mag, sich des Ethnozentrismus schuldig macht. Wenn ihm etwas missfällt, so deshalb, weil er falsche Wertmaßstäbe anlegt. Häufig wird dabei übersehen, dass die Kultur, die der Ethnograf am wenigsten mag, oft seine eigene ist, also jene, die er am besten kennen müsste. Das Vergnügen hingegen unterliegt keiner solch strengen Zensur. Ein Ethnograf, dem irgendein Ausschnitt der Kultur, die er studiert, gefällt, wird nie des Ethnozentrismus oder falscher Wertmaßstäbe geziehen. Dieser merkwürdige Umstand hat dazu geführt, dass ethnografische Monografien von einem Feldforscher das aberwitzig schiefe Bild eines Menschen entwerfen, dem die Erfahrungen, die er macht, uneingeschränktes Vergnügen bereiten. Möglicherweise ist das der Grund, warum dann das tatsächliche Feldforschungserlebnis für den Anfänger einen solchen Schock bedeutet und solche Zweifel an der Ernsthaftigkeit seines Engagements in ihm weckt.

Hätten die Dowayos meinen Abscheu gegen Alice nicht geteilt, so wäre jenes Lustprinzip, dessen Gültigkeit auch ich bedenkenlos akzeptiert hatte, auf eine harte Probe gestellt worden. Glücklicherweise waren sie mit mir einer Meinung. Wenn Alice voll in Fahrt war und gegen irgendeine Person oder Sache, die das Pech gehabt hatte, ihre Aufmerksamkeit auf sich zu lenken, vom Leder zog, konnte man häufig Zuuldibo hören, wie er hinter der zweiten Mauer des Anwesens mit gedämpfter Stimme seine Kommentare abgab. Matthieu entwickelte eine besondere Fertigkeit, ihre Stimme nachzuahmen, und die Imitation von Alice wurde bei ihm so etwas wie ein Party-Gag.

Eines Tages starb Alice ganz plötzlich. Bei einem Tod, der so rasch und ohne vorhergehendes Unwohlsein eintrat, hätte normalerweise der Verdacht der Hexerei aufkommen müssen. In diesem Fall indes war niemand allzu begierig darauf, der Sache nachzugehen. Man tat eine Art kollektiven Stoßseufzer. Es war entschieden das fröhlichste Begräbnis, an dem ich je teilgenommen habe. Den formelleren Teilen des Rituals kam man mit besonderer Sorgfalt nach. Totengeister sind auch so schon nervig genug. Dass Alice als Gespenst wiederkehrte, wollte wahrhaftig niemand. Und damit hatte es eine Zeit lang sein Bewenden.

Ich wandte jetzt mein Interesse den Töpferinnen zu, bei denen ich schon zuvor in die Lehre gegangen war. Meine Beschäftigung mit der Töpferei war weit weniger ein Gegenstand öffentlicher Belustigung, da die Töpferinnen und ihre das Schmiedehandwerk betreibenden Männer wegen der Geschlechtskrankheiten und Hämorrhoidenbeschwerden, die ihre Tätigkeiten angeblich verursachen, vom übrigen Dorf abgesondert sind. Es war wichtig, sich durch den ganzen Prozess des Töpferns durchzuarbeiten und die einzelnen Fachausdrücke des Handwerks kennenzulernen, die nur den Töpferinnen selbst bekannt waren.

Technische Vorgänge dienen nicht einfach nur zur Produktion von Gegenständen, sie liefern uns zugleich Modelle für das Nachdenken über andere Dinge – insbesondere über uns selbst. Die Erfindung der Pumpe eröffnete uns die Möglichkeit einer neuen Vorstellung vom menschlichen Herzen. Die Erfindung des Computers hat in jüngster Zeit zu völlig neuen Ansichten vom menschlichen Gehirn geführt, die an die Stelle der früheren Vorstellungen vom Gehirn als einem Telefonsystem getreten sind. Den Dowayos bietet der Töpfervorgang ein Modell, sich den lebens- und jahreszeitlichen Reifungsprozess des Menschen vorzustellen. Das rituelle System im Einzelnen ist ganz schön kompliziert, aber im Umriss lässt es sich leicht erfassen. Die

Menschen kommen mit feuchtweichen Köpfen zur Welt. Heiße Dinge und Tiere sind gefährlich für sie und können fiebrige Erkrankungen hervorrufen. Bei der Beschneidung ist ein Junge am feuchtesten und weichlichsten, während er im Fluss kniet und sein Blut ins Wasser fließt. Danach wird er mittels Feuer getrocknet, während gleichzeitig auch das Wetter trockener wird. Den Höhepunkt der verschiedenen Prozesse bildet der Brennvorgang, bei dem die Köpfe der Jungen zu einem Haufen geschichtet und Zweige über dem Haufen abgebrannt werden. Danach gelten die Köpfe der Jungen als gehärtet, auch der Kopf ihres Penis (die Eichel) gilt als trocken und so, wie es sich für einen Mann gehört. Von den verschiedenen Veränderungen nach dem Tod gilt ebenfalls, dass durch sie der Kopf getrocknet wird, bis er ein vom Fleisch befreiter Totenschädel ist. Im rituellen System wird ganz deutlich, dass die Töpferei das Modell liefert, ohne dass dies je ausdrücklich gesagt wird. Es war deshalb für mich eine wichtige Bestätigung, dass in ihrem technischen Vokabular die Schmiede und die Töpferinnen die beiden Vorgänge des menschlichen Reifungsprozesses und der Töpferei miteinander verknüpfen.

Wie gewöhnlich blieben meine Untersuchungen nicht lange ungestört, so vergnüglich es auch war, im Anwesen der Töpferinnen zu sitzen und wie im Kindergarten mit Ton zu spielen.

In rascher Folge traten eine Reihe von merkwürdigen Leuten auf den Plan. Als Erster erschien ein grauhaariger und bärtiger Spanier, der von Spanien ans Kap reiste. Da er von den Gebieten, durch die er kommen würde, wenig mehr wusste, als dass die Sahara voll Sand und das übrige Afrika voll Schlamm und Straßen selten seien, hatte er sich dadurch gegen mögliches Unheil gewappnet, dass er mit dem Traktor gekommen war. Mit der irren Geschwindigkeit von zwanzig Stundenkilometern war er tapfer quer durch die Sahara und bis herunter nach Kamerun gezuckelt. Zum Schutz gegen Hitze, Wind, Sand und nunmehr

Regen hatte er das Fahrzeug mit einem Aluminium-Baldachin versehen. Die nötigen Vorräte und Ausrüstungsgegenstände waren in einem Anhänger verpackt, den er mühelos die Tausende von Kilometern hinter sich herzog. Erstaunlicherweise funktionierte die Sache bestens. Er stellte fest, dass ein Traktor das ideale Fahrzeug für den Busch war. Als sein Hauptproblem erwies sich das Überschreiten von Landesgrenzen, wo er in die missliche und potenziell verhängnisvolle Lage kam, als Importeur einer landwirtschaftlichen Maschine eingestuft zu werden. Er amüsierte sich großartig und sah in mir offenbar den typischen englischen Exzentriker mit dem typischen englischen Spleen – weil ich es vorzog, im Busch zu leben. Zur Bestätigung seiner Ansichten über den angelsächsischen Menschenschlag erzählte er die Geschichte von einem Engländer, der lange in Barcelona gelebt und statt eines Pferds eine Kuh geritten habe. Er tuckerte davon, und ich habe ihn seitdem nicht wiedergesehen.

Kaum hatten sich die blaue Auspuffwolke und der ohrenbetäubende Krach seines Traktors verzogen, da tauchte eine junge Dame von verblüffender Weißhäutigkeit auf, die mit dem Fahrrad unterwegs war. Auch sie war offenbar entschlossen, Afrika zu durchqueren, um die Stätte ihrer Geburt wiederzusehen, die irgendwo im Osten lag. Am bemerkenswertesten war ihr Radkostüm, das sämtliche Körperteile bedeckte und gegen die Sonne schützte. Sie versicherte, sie sei ein Albino und deshalb furchtbar empfindlich gegen Sonne. Deshalb sei es unmöglich für sie, das übliche Trikot aus kurzer Hose und Hemd zu tragen. Die bloße Stoffmenge, die ihren Körper umhüllte, verlieh ihr ein so gesetztes Aussehen, dass man sich an die Damenmode aus den Anfängen des Jahrhunderts erinnert fühlte.

»Aber was ist mit der Sahara? Wie sind Sie da durchgekommen?«

»Kein Problem. Normalerweise fahre ich nachts. Ich habe nur

ein bisschen Zeit verloren, deshalb fahre ich am Tag, um den Rückstand wieder aufzuholen. Nachts ist es herrlich. Man trifft keinen Menschen. Es ist so still.«

»Aber wozu machen Sie das Ganze?«

Sie sah mich an, als wäre ich verrückt. »Wegen der Sehenswürdigkeiten.«

Und schon radelte sie weiter und ließ die Einheimischen starr vor Ehrfurcht zurück. Erstaunlicherweise ist es theoretisch möglich, fast jede beliebige Stelle auf der Erde zu Fuß zu erreichen, aber Furcht hält uns davon ab, das in die Tat umzusetzen.

Der letzte Besucher war in mehrfacher Hinsicht der zweifelhafteste. Bei einem Besuch in der Stadt war ich einem ziemlich gepflegt wirkenden Amerikaner mittleren Alters begegnet, einem Mann mit cleveren Augen und von einer gewissen Undurchsichtigkeit. »Sie sind Amerikaner?«

»Ja, so ungefähr.«

»Was machen Sie in Kamerun?«

»Ach … dies und das.«

»Bleiben Sie lange?«

»Kommt darauf an.«

Dabei hatte er mich sorgfältig über meine eigenen Aktivitäten und über das Tun und Treiben der Dowayos ausgefragt. Ich nahm an, dass er mit der Botschaft in Verbindung stehe, und gab mich damit zufrieden. Dann kehrte ich nach Poli zurück.

Bald stellte sich heraus, dass er mit afrikanischer Kunst handelte. Das wurde mir klar, als die Leute anfingen, meinen »Bruder« zu erwähnen, der tags zuvor auf der Suche nach Kaufgelegenheiten vorbeigekommen sei. Zuerst nahm ich an, sie sprächen von Jon, meinem amerikanischen Missionarsfreund. Die Schneisen, die er schlug, waren indes so breit und die Methoden, die er anwandte, so unwiderstehlich forsch, dass ich diese Möglichkeit rasch als unwahrscheinlich verwarf beziehungsweise sogar ausschließen musste. Viele der Käufe, die er tätigte, waren insofern definitiv zweifelhaft, als die Verkäufer rechtlich gar nicht befugt waren, die Gegenstände zu veräußern, weil sie – streng genommen – bloß deren Kustoden waren. Ein bisschen ärgerte mich auch, dass er meinen Namen benutzte. Mein einziger Trost war, dass die Dowayos sehr wenig hatten, was auf dem Kunstmarkt einen Wert besaß, und dass sein Fischzug ihm, finanziell gesehen, nicht viel einbringen würde.

Einige Zeit später kehrte ich zurück zu meinen Töpferinnen. Im Laufe meiner Arbeit bei ihnen hatte ich die Entstehung der Gefäße durch alle Stadien hindurch verfolgt. Der beste Weg dazu war, selbst ein paar anzufertigen. Das war bei meinen Lehrerinnen mit der üblichen Heiterkeit aufgenommen worden, hatte sich aber als sehr nützlich erwiesen, um zum Beispiel die Bezeichnungen für die verschiedenen Techniken herauszufinden. Eingefleischte Spaßvögel, die sie waren, hatten die Dowayo-Töpferinnen versprochen, beim nächsten Brenntermin meine exzentrischen Schöpfungen zusammen mit ihren eigenen regelgerechteren Stücken zu brennen. Das würde dann das letzte Mal vor Beginn der Regenzeit sein, in der es verboten war, Tongefäße zu brennen. Besonders ungeduldig wartete ich darauf, zu sehen, was aus dem einen meiner Versuche mit eingeritzten Blumenmotiven geworden war. Die Frauen hatten versprochen, mir Bescheid zu sagen, wenn der Brenntermin fällig war, aber ich gab nie viel auf solche Versprechungen, die häufiger gebrochen als eingehalten wurden.

Als ich mich bückte und durch den niedrigen Eingang in ihr Anwesen kroch, sah ich sofort, dass das Brennen schon etliche Zeit vorbei sein musste. In allen Winkeln des Anwesens waren neue Gefäße säuberlich aufgestapelt, rote für den normalen Gebrauch, schwarze für Witwen. Wasserkrüge wurden auf undichte Stellen hin überprüft, mehrere neue, aber gesprungene Töpfe lagen bereit, um eine zweckdienliche Verwendung als Behälter zu finden. Ich erkannte einen meiner eigenen Töpfe, der offenbar beim Brennen geborsten war.

Die Obertöpferin erschien. Das Brennen war vorbei? O ja, schon lange. Warum hatten sie mir nicht Bescheid gesagt? Sie hatten es versucht, aber ich war nicht zu Hause. Hatte einer meiner Töpfe den Prozess überstanden? Aber sicher, alle außer dem geborstenen dort drüben. Durfte ich sie sehen? Sie sah verdutzt drein. Aber mein Bruder hatte sie doch vor Kurzem mit dem Auto abgeholt. Er hatte sie alle mitgenommen. Besonders hatte ihm der mit den eingeritzten Blumen gefallen.

In früheren Zeiten haben Händler schon weit Schlimmeres verbrochen. Inzwischen ist es in der Ethnografie ganz üblich geworden, in veröffentlichten Berichten die Ortsnamen zu verändern, sodass die Berichte den Händlern nicht als Wegweiser zu illegalen Geschäften und Gelegenheiten für Diebstähle dienen können. Blumenmotive auf Gefäßen der Dowayos sind ungewöhnlich – geradezu beispiellos. Normalerweise verzieren die Dowayos ihre Gefäße mit einfachen geometrischen Mustern. Ein Gefäß wie das von mir ist deshalb eine ziemliche Seltenheit. Potentielle Käufer seien also hiermit gewarnt …

Während meiner kurzen Karriere als Schöpfer einzigartiger Dowayo-Kunstwerke hatte ich allerdings einen Kritiker gefunden, der nunmehr, hoffentlich, zum Schweigen gebracht war. Die rituelle Sorgfalt, mit der Alice beerdigt wurde, hatte sicherstellen sollen, dass ihr Abgang von Dauer und vollständig war.

So einfach geht es aber im Leben nicht zu. Im Land der Dowayos verschwinden die Toten nicht umstandslos aus dieser Welt. Die Lebenden unterhalten zu ihnen eine fortdauernde wenn auch unbehagliche Beziehung. Ein paar Tage nach dem Begräbnis erschien Zuuldibo, den Hut schief auf dem Kopf, und war offensichtlich mitgenommen von einer gestörten Nacht auf seinem Bett aus gestampftem Lehm. Er gestand, er habe schlecht geträumt. Manche Leute behaupteten, Träume kämen von den Geistern der Toten. Was ihn angehe, er sei ein biederer Mensch, er kenne sich in diesen Dingen nicht aus. Aber für den Fall, dass *ich* an so etwas glaubte, sei es nur fair, mich darauf aufmerksam zu machen, dass Alice angefangen habe, in Träumen wiederzukehren. Sie habe sich weidlich über die Art und Weise ausgelassen, wie der Häuptling seine häuslichen Angelegenheiten besorge, und über das Versäumnis, ihrem Schädel Opfer darzubringen. Ihre Hauptbotschaft indes sei an mich gerichtet gewesen. »Hör mit den Kindereien auf. Kauf dir deine Gefäße wie jeder andere auch, und nimm dir eine Frau, die zweifellos besser ist, als du verdienst.«

Später an diesem Tag trotteten wir hinüber zu dem ziemlich tristen Haufen weiblicher Totenschädel, die hinter einer abgelegenen Hütte deponiert waren. Sie waren stets von Pflanzen überwuchert und laubbedeckt und erinnerten eher an einen Komposthaufen. Wir gossen Bier über jenen von Alice und baten sie, uns in Frieden zu lassen. »Nicht, dass bei der lebenden Alice so etwas viel genützt hätte«, brummte der Häuptling missmutig.

Die Gelegenheit war günstig, das Gespräch auf Fragen der Wiedergeburt zu bringen. Der Häuptling machte sich Sorgen, weil eine seiner Töchter zur gleichen Zeit, als Alice starb, schwanger geworden war. Normalerweise gilt solch ein zeitliches Zusammentreffen von Tod und neuem Leben als Beweis dafür, dass es dem Verstorbenen irgendwie gelungen ist, sich vorzudrängeln und sofort wiedergeboren zu werden, ohne sich erst den vielen komplizierten Ritualen unterwerfen zu müssen, mit deren Hilfe die Dowayos ihre Toten in die Gruppe der Ahnen abschieben. Da das Neugeborene von dem toten Vorfahren, den es wiederverkörpert, viele Eigenschaften übernimmt, machte Zuuldibo die sichtlich deprimierende Vorstellung zu schaffen, den Rest seiner Tage mit einer Neuausgabe von Alice verbringen zu müssen. Ich wies darauf hin, dass Alices Erscheinen im Traum stark dafür spreche, dass sie bis jetzt noch nicht zur Wiedergeburt angetreten sei. »Das hatte ich nicht bedacht«, sagte Zuuldibo und heiterte merklich auf.

Aber wie stand es mit der Beschneidung? Gab es da etwas Neues? Zuuldibo seufzte. Ich müsse Geduld haben. Alles stehe zum Besten. Die Zeremonie werde wahrscheinlich stattfinden. Das traf mich wie ein Schlag in die Magengrube. Von »wahrscheinlich« war bislang nie die Rede gewesen. Alle Äußerungen hatten eine ermutigende Gewissheit ausgestrahlt. Ich versank in Schwermut.

In solchen Momenten braucht es irgendetwas, um die Moral zu heben. Rätselhafterweise ging mir mit der Post eine Zeitschrift zu, die ich gar nicht abonniert habe. Auf ihrer Rückseite fand ich einen Nachruf auf einen unbedeutenden griechischen Volkskundler, dem die politische Berg- und Talfahrt seines Heimatlandes zu unverhoffter Bekanntheit verholfen hatte. Er war offenbar auf der Gefängnisinsel gestorben, wo all jene interniert wurden, die dem Regime missliebig waren. Der verstorbene Wissenschaftler hatte Material über das Homosexuellenidiom im modernen Athen veröffentlicht. Offensichtlich war es das, was ihm das Missfallen der Behörden zugezogen hatte. Man hatte ihn verwarnt. Er bestand unbeirrt auf seinen Vorstellungen von akademischer Freiheit, fuhr mit seinen Untersuchungen fort und trat mit dem noch skandalöseren Thema »Homosexuelles Argot unter männlichen Prostituierten« an die Öffentlichkeit. Wegen Verunglimpfung des griechischen Mannestums wurde er zu Gefängnis verurteilt, aber einschüchtern ließ er sich nicht. Nach seinem Tod erschien eine Untersuchung über den Homosexuellen-Slang in griechischen Gefängnissen.

Hier fand ich in der Tat das Beispiel eines Mannes, der jede Widrigkeit in ein Forschungsthema verwandelte. Verglichen damit wirkten meine eigenen Probleme relativ harmlos. Die ethnologische Feldforschung mag ihre viel gepriesenen Heroen haben, aber sie weist auch etliche Fälle von heroischem Scheitern auf, über die in Universitätsseminaren rasch hinweggegangen zu werden pflegt.

P. Amaury Talbot hat sich als gewissenhafter Ethnograf in Südnigeria einen Namen gemacht. In seinen trockenen Monografien findet man indes keinerlei Hinweis auf seine eigentliche Begabung, die augenscheinlich darin bestand, ein zur Selbstzerstörung disponierter Unglücksrabe zu sein. Bei seiner Reise quer durch Nigeria und Kamerun, die er in Begleitung seiner Frau und der umwerfenden Olive MacLeod unternimmt, kann man deutlich verfolgen, wie er sich allmählich zugrunde richtet, während seine Begleiterinnen immer robuster werden. Es fängt damit an, dass er vom Pferd stürzt und auf den Kopf fällt. Kaum hat er sich davon erholt, knallt er mit dem Kopf gegen einen Balken. »Unglücklicherweise stieß er sich an derselben Stelle, an der er sich in Kamerun bei seinem Sturz vom Pferd verletzt hatte, und die Folge war, dass er delirierte und mehrere Tage lang das Bett hüten musste.« Kaum genesen, erwischt er vergiftete Datteln und kommt fast um. Als er endlich wieder reiten kann, hat sein Pferd einen Zusammenstoß mit einer Kuh. Er wird auch von einer Schlange gebissen, aber das passiert schließlich fast jedem. Im Vergleich mit *ihm* ging es mir prächtig. In der Forschungsreihe des Museums finden sich noch erbaulichere Vorgänge. Miss Alexandrine Tinné, eine reiche Erbin ohne Sitzfleisch, organisierte Mitte des neunzehnten Jahrhunderts eine Expedition zum Oberen Nil, in deren Verlauf ihre Mutter und Tante mitsamt Dienern umkamen. Unverdrossen beschloss sie, die Sahara von Tripoli nach Bornu zu durchqueren, ließ sich aber die früheren

Todesfälle zur Lehre dienen und mietete sich Tuaregs als Leibwächter. Die erschossen sie.

Entschieden aufgemuntert durch diese Besinnung auf den Unterschied zwischen den beiden Gesichtern der Ethnologie, dem privaten und dem für die Öffentlichkeit bestimmten, konnte ich wieder der Welt ins Auge schauen. Matthieu und ich gingen hinunter zum Eingang des Dorfs. Hier war Schluss mit jedem Anschein einer Straße, und die Gebirgspfade begannen. An der Übergangsstelle befand sich die rituelle Wegkreuzung. Nicht nur in unserer eigenen Kultur heften sich an Wegkreuzungen alle möglichen Glaubensvorstellungen. Natürlich sind sie deshalb interessant, weil sie wie der Punkt in der Geometrie einen Ort ohne Ausdehnung markieren, der gleichzeitig zu mehreren verschiedenen Pfaden gehört. Dies ist der Ort, an dem man sich im Land der Dowayos rituell gefährlicher Gegenstände entledigt, eine Art von kulturellem Niemandsland, das eine willkommene Gelegenheit bietet, Trauerkleider und verunreinigende menschliche Überbleibsel wie zum Beispiel Haare loszuwerden. Auf einer Seite standen mehrere Holzklötze, auf denen die Männer sitzen konnten, wenn sie von den Feldern heimkehrten. Sie ruhten dann hier ein Weilchen ihre müden Knochen aus, rauchten und unterhielten sich. Während sie ins Land hinaussahen, kamen sie unvermeidlich auf allgemeinere Themen zu sprechen und diskutierten dörfliche Angelegenheiten. Während eine Zusammenkunft von Männern innerhalb des Dorfs stets den Charakter einer Gerichtsversammlung annahm, waren solche Treffen außerhalb ganz und gar ungezwungen und »inoffiziell«.

Als wir dazukamen, herrschte bereits eine gewisse Erregung. Das Stimmengewirr war merklich lebhafter als gewöhnlich. Man hatte beschlossen, die letzte Jagd im Jahr abzuhalten! Alle kicherten und schwätzten erwartungsvoll durcheinander. Man werde Antilopen aufspüren, sagte einer. Antilopen? Leoparden werde man aufspüren, meinte ein anderer. Elefanten!, schrie ein Dritter. Elefanten mit Leoparden auf dem Rücken! Alle kringelten sich vor Lachen.

Wahrscheinlich hat es im Land der Dowayos irgendwann einmal Elefanten gegeben, aber von den heutigen Dowayos hat keiner je einen zu Gesicht bekommen. Leoparden gab es zwar droben in den Bergen zweifellos noch, aber der letzte, von dem man zu berichten wusste, war vor mehr als dreißig Jahren geschossen worden. Gelegentlich kam noch einmal eine versprengte Antilope zum Fluss hinunter, aber das geschah wahrhaftig selten genug. Drahtschlingen und Schusswaffen – wirksame Ausrottungsinstrumente – waren von den Dowayos eifrig benutzt worden, sodass der Wildbestand stark zurückgegangen und die meisten größeren Tierarten einfach vernichtet worden waren.

Im Dorf gab es noch einen »echten Jäger«, einen Mann mit Jagdzauber und einem Heiligtum für die toten Tiere, die er erlegt hatte, einen rituellen Spezialisten in der Kunst des Jagens und in der Abwehr der Gefahren, die damit verbunden waren. Tatsächlich hatte er selten Gelegenheit, seinen Bogen vom Heiligtum, wo dieser aufgehängt war, herabzunehmen. Wegen seiner Beschäftigung und der heißen Hände, die sie ihm machte – heiß vom Tierblut, das er vergossen hatte –, konnte er keine Rinder halten. Sie wären gestorben.

Ihm oblag es, die Jagd zu leiten und die Tätigkeit der Männer zu koordinieren. Das Wichtigste war, dass jedermann drei Tage lang mit keiner Frau verkehrte. Alle erklärten sich dazu bereit. Der Jäger hielt ihnen einen Vortrag über die Bedeutung dieses Faktors. Das Hauptproblem war offenbar nicht der Geschlechtsverkehr selbst, sondern die Möglichkeit, dass die Frau mit jemand anderem Ehebruch begangen hatte. Der Geruch davon würde sich dem Betreffenden mitteilen. Die Dowayos erwarten von ihren Frauen nie allzu viel Treue und betrachten selbst ehebrecherische Beziehungen als einen großartigen Sport, dem sie begeistert frönen. Ein auf diese Weise angesteckter Mann wäre dann außerstande, auch nur den einfachsten Schuss abzugeben. Seine Hand würde zittern, sein Auge umwölkt sein. Sein Pfeil würde danebengehen. Und was das Schlimmste war: Gefährliche Bestien aus dem Busch würden sich auf ihn stürzen. Leoparden und Skorpione würden ihm auflauern, sodass er Gefahr lief, eines grässlichen Todes zu sterben. Die Tiere würden ihn kilometerweit riechen. Er würde so eine Gefahr für alle darstellen. Während des Vortrags waren die Männer weidlich damit beschäftigt, einander verstohlen zu mustern, und fanden erst allmählich zu den üblichen obszönen Bemerkungen zurück, die für jede reine Männergesellschaft typisch sind. Das Beischlafverbot sollte am Abend anfangen.

Die Atmosphäre im Dorf erinnerte ungefähr an die Stimmung in einem Haus, in dem mehrere Leute den Schwur getan haben, gleichzeitig mit dem Rauchen aufzuhören, und eine Geldwette darauf abgeschlossen haben. Jeder hat die anderen im Verdacht zu betrügen. Kurze Abwesenheit führt zu anzüglichen Bemerkungen, längere Abwesenheit zum hochnotpeinlichen Verhör. Das Problem wird noch schlimmer in Verhältnissen, wo Männer in Anwesenheit von Frauen nicht zugeben dürfen, dass sie austreten müssen, und wo dies vielmehr für sie ein Hauptgrund ist, sich still und unbemerkt fortzuschleichen.

Den alten Männern machten besonders die jüngeren, zeugungskräftigeren Mitglieder der Jagdgesellschaft Kopfzerbrechen. Sie hatten das Gefühl, durch ihre eigene sexuelle Enthaltsamkeit die ohnehin stets schwankende Treue ihrer Ehefrauen einer zusätzlichen Belastungsprobe zu unterwerfen. Manche Männer gingen so weit, ihre Frauen auf dem Hin- und Rückweg zu begleiten, wenn diese zum Wasserloch hinuntergingen, um ihre Krüge mit dem grünen, stinkenden Wasser der zu Ende gehenden Trockenzeit zu füllen. Beim Tragen der Gefäße halfen sie ihnen selbstverständlich nicht.

Bogen in der Nähe von Frauen aufzubewahren ist nicht gut. Der Bogen des Jägers ist der allergefährlichste. Er kann bei Frauen Fehlgeburten verursachen. Deshalb neigen die Jäger dazu, die Hauptpfade zu meiden und sich auf langen Umwegen um das Dorf herumzustehlen. Wenn sie einer Frau begegnen, legen sie augenblicklich ihren Bogen so zur Erde, dass dieser in eine andere Richtung zeigt, und reden vorher mit ihr kein einziges Wort. Die Bogen normaler Menschen, die nur gelegentlich jagen, haben weniger schwerwiegende Folgen, auch wenn kein Mann so töricht ist, einen Bogen in ein Anwesen mitzunehmen, in dem sich eine Schwangere befindet. Umgekehrt sind Frauen, zumal während der Regelblutung, für die Bogen sehr gefährlich. Angeblich »verdirbt« der Menstruationsfluss den Bogen und macht ihn wertlos. Die Verbindung zwischen Jagd und Menstruation scheint für das Denken der Dowayos darin zu liegen, dass hier wie dort, wenn auch auf verschiedene Weise, Blut fließt. Die beiden Arten von Blutung sind einander ähnlich genug, um einer rigorosen Trennung zu bedürfen.

Also holten die Männer ihre Waffen aus den Hütten und versteckten sie im Busch. Dort wurden sie dann mithilfe bestimmter Mittel gekräftigt, und die Pfeilspitzen wurden geschärft und in Gift getaucht. Für den Ethnografen gab es reichlich zu tun.

Die Esse des Schmieds glühte während der nächsten zwei Tage ununterbrochen, dieweil die Männer kamen, um sich Pfeilspitzen und immer raffiniertere Anordnungen von Widerhaken machen zu lassen, durch die ein angeschossenes Tier daran gehindert werden sollte, den Pfeil zu entfernen, von dem es getroffen war. Die hinter den Hütten der Männer wuchernden Schlingpflanzenranken verschwanden und wurden zu einem wachsähnlichen Gift eingekocht, das die Krieger für die Jagd verwendeten.

Fremde, die durch das Dorf kamen, waren sichtlich beunruhigt. Warum waren die Dowayos von Kongle dabei, sich wieder zu bewaffnen?

Die alten Männer warfen freigebig mit Erinnerungen an die guten alten Zeiten um sich. Damals war alles anders gewesen. Die Tiere, behaupteten sie, waren wilder als heute. Als ich ihn mit Fragen bedrängte, musste Zuuldibo zugeben, dass er selbst keinen Bogen besaß; aber das werde ihn keineswegs hindern, bei der Jagd eine seiner Häuptlingswürde geziemende wichtige Rolle zu spielen. Andere Dinge blieben zu tun: Die Männer mussten organisiert, es musste reichlich Lärm gemacht, die Tiere mussten abgemurkst werden. Er zog sein Messer und führte das Kehledurchschneiden mimisch eindrucksvoll vor. Im Abmurksen der Tiere sei er Meister. Im Übrigen sei sein berühmter Hund »Rächer« unentbehrlich für die Jagd. Seit zwei Tagen sei er bereits ohne Futter eingesperrt, um richtig scharf zu werden.

Ein strahlender und heiterer Tag brach an. Das ganze Dorf kribbelte vor Aufregung. Im morgendlichen Dämmerlicht hatten sich ein paar kleine Buben mit den winzigen Bogen versammelt, die liebevolle Väter für sie angefertigt hatten. Übungshalber schnitten sie wilde Gesichter und schworen auf ihre Messer, bis sie von Älteren zurechtgewiesen wurden. Als sie einen Skorpion fingen, der sich nicht schnell genug aus dem Staub machte, umgaben sie ihn mit brennendem Stroh, bis er zu ihrer lautstarken Freude mit einem Knacken barst und aufbrach.

Die Männer waren bester Laune, wie offenbar immer, wenn sie zusammen etwas tun, wovon die Frauen ausgeschlossen sind. Sie fingen an, sich außerhalb des Dorfs zu versammeln. Sie kamen zu Fuß und mit dem Rad, wobei sie ihre Bogen höchst unpassend über Regenmänteln aus Plastik trugen und ihre mit Pfeilen vollgestopften Köcher mithilfe von Gummibändern aus alten Schläuchen an der Stange festgebunden hatten. Man wartete auf Bier.

Die Frauen machten kein Hehl aus ihrer schlechten Laune. Diejenigen, die reich genug waren, um statt einfacher Tontöpfe emaillierte Kochtöpfe zu besitzen, konnten damit höchst effektvoll herumdonnern. Die Übrigen mussten sich damit begnügen, ihre Kinder anzuschreien oder den Hunden einen Fußtritt zu versetzen.

Das augenscheinliche Missvergnügen ihrer Frauen schmeichelte den Männern ungemein. Es war ein Beweis für die sexuelle Selbstbeherrschung und Überlegenheit des Mannes. Eine Frau kam und brachte ihrem jungen Ehemann einen Tabaksbeutel, den er vergessen hatte mitzunehmen. Plötzliche Stille. Wieso diese Gutartigkeit? Wo hatte er den Tabaksbeutel liegen gelassen? Argwöhnische Augen wandten sich ihm anklagend zu. Der Jäger fing an, mit bitteren Worten über einen Egoismus herzuziehen, der die ganze Jagd kaputtmache, und über Männer, die sich wie Weiber benähmen. Der junge Mann wurde rot und sah zu Boden. Einer der Alten mischte sich ein. Voll Sanftmut und Betrübnis verwies er auf die Heißblütigkeit der Jugend und auf die Aufdringlichkeit der Frauen, die einen Mann nicht in Ruhe lassen konnten. Er gab dem jungen Mann den Rat, sich aus der Jagdgesellschaft zurückzuziehen; wenn irgendetwas schieflief, konnte ihm dann niemand die Schuld daran geben. Aber er sei doch unschuldig! Egal, ein weiser Mann überlegte es sich gut, ehe er in dieser Richtung weiterging. Der junge Mann saß eine Zeit lang schweigend da, während andere Frauen – mit angemessen schlechter Laune – kamen und Bierkrüge auf den Boden knallten. Mit Tränen in den Augen ging er schließlich. Was würde er machen? Natürlich seine Frau verdreschen, was sonst.

Zuuldibo, der von keinen eigenen Jagderfolgen zu berichten wusste, griff auf die seines Vaters zurück. Dieser war der erste

Mann im Land der Dowayos gewesen, der ein Gewehr besessen hatte, das leider inzwischen törichterweise verkauft worden war. Mit dieser Waffe waren wahre Wunder vollbracht worden. Sogar an dem einen oder anderen Fulbe hatte man sie ausprobiert. Ein wehmütiges Seufzen bei den Männern, die an die alten Kriegszeiten zurückdachten.

Wieder machte das Bier die Runde, warm und dampfend. Ich ließ meine Zigaretten herumgehen. Es sei zu hoffen, bemerkte einer der alten Männer, dass der Geruch des Weißen Mannes das Wild nicht vergraule. Geruch, was sollte das heißen? Ich wusch mich jeden Tag. War ihnen das entgangen? Gerade das sei ja wahrscheinlich teilweise das Problem. Seife gehöre möglicherweise zu dem Geruch. Die Weißen Männer röchen alle. Was für ein Geruch denn das wäre? Die Dowayos verfügen zur Beschreibung von Gerüchen über eine breite Palette von merkwürdigen Lauten, die zwar durch Konvention feststehen, aber, streng genommen, kein Bestandteil der Sprache sind, etwa so wie unser »autsch« oder »peng«. Unter lebhafter Beteiligung aller entbrannte eine heiße Diskussion darüber, ob ich eher wie *sok, sok, sok* (wie faules Fleisch, erläuterte Matthieu hilfsbereit) oder *virrr* (verdorbene Milch) röche.

Da für den europäischen Geruchssinn viele Dowayos so übel riechend wie Ziegen sind, hatte diese Unterhaltung für mich den Charakter einer Offenbarung. Ich versprach, dem Wild nicht unter die Nase zu kommen.

Nach einigem weiteren Hin und Her brachen alle auf, und ich zog mit den kleinen Jungen, den Hunden und dem übrigen Tross hinterher. Es gab viel unmäßiges Gelächter und Geschrei. Ein paar von den Männern waren eindeutig blau. Aufs Ganze gesehen, schien es sicherer zu sein, sich hinter den Männern aufzuhalten, als vor ihnen.

An diesem Punkt entbrannte eine längere Auseinandersetzung

über Art und Verlauf des Unternehmens, das wir vorhatten. Etliche vertraten die Ansicht, wir sollten uns zu den Hauptwasserlöchern vorarbeiten, dort auf den Bäumen verstecken und einfach warten, bis das Wild zur Tränke kam. Den meisten erschien das in ihrem augenblicklichen Gemütszustand viel zu wenig aufregend, weshalb sie die Andersdenkenden als Feiglinge beschimpften. Eingeschnappt zogen sie ab, um ihre eigenen Pläne zu verfolgen. Die verbleibende Gruppe von etwa zwanzig Leuten setzte ihren Weg in den Busch fort.

Wir drangen bis zu einer Senke zwischen zwei Hügeln vor, wo sich Wasser angesammelt hatte und deshalb das Gras hoch und relativ üppig war. Anscheinend hatte hier jemand vor ein paar Tagen Antilopen gesichtet. Der Dorfjäger hatte in eigener Person einen Kundschaftergang unternommen und die Anwesenheit von Wild bestätigt. Die Männer und Jungen wurden durch Zischen zum Schweigen aufgefordert und fingen wie Kinder, die dabei sind, Äpfel zu mausen, prompt zu kichern an. Viele der Männer waren zusammen beschnitten worden und mussten sowieso ihre Scherze miteinander treiben. Es wurde verabredet, dass der Jäger und sechs andere um das Tal herum auf die andere Seite vordringen und wir dann, sobald sie uns durch Rufen das Signal dazu gaben, das Wild auf sie zutreiben sollten. Da die Talwände steil waren, stand nicht zu erwarten, dass die Tiere zur Seite ausbrechen konnten. Wir würden sie alle sicher in der Falle haben.

Nun begann einer jener öden Zeitabschnitte, aus denen an bösen Tagen die ganze Feldforschung zu bestehen scheint. Wir warteten etwa eine Stunde lang in dem hohen Gras. Ein gleichmäßiger Nieselregen setzte ein, bei dem nicht sosehr Tropfen auf uns niederfielen, sondern vielmehr kalte Feuchtigkeit uns durchweichte, bis wir uns ganz miserabel fühlten. Bei mehreren stellten sich Kopfschmerzen ein, woran sie lauthals Zuuldibos Bier die Schuld gaben.

Schließlich kam vom anderen Ende des Tals ein Ruf. Wir standen alle auf und drangen in einer Kette durch das Tal vor. Zuuldibos Mitwirkung erwies sich in der Tat als wertvoll. Er hatte ein schrilles Heulen ausgebildet, das Verblüffung hervorrief und ganz unnachahmlich war. Man hatte den Eindruck, dass vor solch einem Geheul jedes lebende Wesen Reißaus nehmen musste. Die Hunde hatten sich von der Aufregung anstecken lassen, knurrten und wollten zwischen unseren Beinen hindurch nach vorn stürzen. Leider hatte die Feuchtigkeit in dem Gebiet das Wachstum eines Unterholzes aus Dornenranken begünstigt, die miteinander verflochten waren und uns den Durchgang versperrten. Wer auf die Idee kam, ein Feuer zu legen, wurde nie geklärt; aber nicht lange, so stand eine lange Linie in Flammen. Es war bedauerlich, dass man nicht vorher darüber diskutiert hatte; denn der Wind blies aus der völlig falschen Richtung. Wir waren rasch von erstickendem Qualm umgeben und mussten vor der Hitze der Flammen zurückweichen. Die kleinen Jungen rollten vor Entsetzen die Augen und fingen an zu weinen. Matthieu und ich zerrten sie die Seitenwände aus nacktem Fels empor und führten sie auf die andere Seite des Feuers. Wir wurden von sieben höchst aufgebrachten Männern empfangen, die mit eingelegten Pfeilen bereitstanden, um alles, was sich bewegte, niederzuschießen. Nach und nach kämpften sich ein paar von den Männern und Hunden durch und standen betrübt herum. Rufen, die aus einiger Entfernung herüberdrangen, entnahmen wir, dass in all dem Durcheinander eine kleine Antilope erlegt wurde und alle anderen entkommen waren.

Plötzlich ertönte ein Krachen im Busch. Sämtliche bewaffneten Männer fuhren herum und hoben die Bogen. Die Hunde stürzten los, und niemand hielt sie zurück. Dann war ein furchtbares Knurren und Jaulen zu hören, in den Kulissen spielte sich ein Kampf der Giganten ab. Wir pirschten uns im Kielwasser der Jäger zu der Stelle vor. Vor uns brodelte ein unentwirrbares Knäuel von Hundeleibern. Offenbar war im Verlauf des Geschehens einer der Hunde verwundet worden, die anderen hatten Blut gerochen, sich auf ihn gestürzt und rissen ihn jetzt im Eifer des Gefechts in Stücke. Keiner ging dazwischen. Der Hund starb eines schrecklichen Todes, und die Übrigen hielten ein makabres kannibalisches Mahl. Ich war offenbar der Einzige, der sich darüber aufregte, die anderen fanden die Sache komisch und amüsierten sich. Der Besitzer des Hundes war nicht anwesend. Die Hunde zerknackten die Knochen und rissen an dem Kadaver herum, dass einem schlecht werden konnte.

Mit einem Mal hörte man ein gewaltiges Trampelgeräusch, und eine Dowayo-Kuh tauchte auf, sah uns mit höflicher Überraschung an, machte einen eleganten Bogen um das Hundeknäuel und verschwand auf der anderen Seite im hohen Gras.

Einer der Männer hatte in seiner Verblüffung einen Schuss abgegeben, aber nicht getroffen. Die Bogen in Westafrika, die im Unterschied zur Praxis in anderen Weltteilen ständig gespannt bleiben, treffen nicht sonderlich genau, um es vorsichtig zu sagen. Auch ihre Reichweite ist begrenzt. An diesem Tag gelang es uns nicht, etwas Größeres zu erlegen. Die Hunde waren nach ihrer Mahlzeit nicht mehr an der Jagd interessiert. Die Männer waren niedergeschlagen. Jemand hatte eine Landschildkröte gesehen, was ein sicheres Vorzeichen war, dass einer seiner Verwandten sterben würde. Die anderen beschäftigten sich damit, Buschratten auszuräuchern, indem sie brennende Äste in ihre unterirdischen Gänge stießen und die Tiere aufspießten, wenn sie am anderen Ende herausflüchteten. Das war keine ganz angemessene Tätigkeit für erwachsene Jäger, sondern eher eine Kinderei. Mehrere der kleinen Jungen erwiesen sich bei den heikleren Partien der Operation als sehr geschickt und konnten die Älteren darin unterweisen. Während die Ratten erschlagen oder erstochen wurden, bespritzten sie ihre Mörder mit ihrem Urin. Gott sei Dank bekam ich erst nach meiner Rückkehr nach Europa von jemandem erzählt, dass dies die Ursache der tödlichen Erkrankung ist, die Lassafieber genannt wird. Der Erreger dieser Krankheit ist offenbar ein Virus, das durch den Urin von Ratten übertragen wird und das für erwachsene Menschen tödlich sein kann, während Kinder immun dagegen sind. Da ich das damals nicht wusste, sah ich der Aktion eine Zeit lang zu und half, die Ladung Ratten zum Dorf zurückzutragen.

Die Männer behaupteten steif und fest, sie hätten einen tollen Tag gehabt. Aber dass sie nicht beladen mit einer Last Antilopenfleisch zurückkamen, diese Tatsache ließ sich vor den Frauen schlechterdings nicht geheim halten. Am Abend würde es im Dorf kein unmäßiges Gelage geben. Kein Haufen von Tierschädeln würde sich auf dem Heiligtum des Jägers sammeln. Die Frauen wussten insgeheim sehr wohl, dass es den Jägern übel ergangen war, und das hob allem Anschein nach ihre Stimmung nicht wenig.

Am folgenden Tag kam ein wütender älterer Mann ins Dorf und klagte, ein paar Idioten hätten drüben bei den Bergen Feuer gelegt, und alle seine Zäune seien niedergebrannt. Nur mit größter Mühe sei es ihm gelungen, seinen Kornspeicher zu retten. Zuuldibo erinnerte ihn streng daran, dass er ihnen vor einiger Zeit eine Verordnung des Unterpräfekten zur Kenntnis gebracht habe, der zufolge die Dorfbewohner um ihre Hütten eine Feuerschneise hätten schlagen sollen. Das habe der Betreffende nicht gemacht. Er sei selber schuld. Er solle heim in sein Dorf gehen, ehe sich die Sache herumspreche und man gezwungen sei, ihn zu bestrafen.

Nach dieser katastrophalen Jagd wurde nicht wenig über die Konsequenzen diskutiert, die man ziehen müsse. Ich tat natürlich mein Bestes, um die Diskussion über all diese Dinge in Gang zu halten und mir den unerfreulichen Ruf einer Lästerzunge zuzuziehen. Alle waren sich darin einig, dass an dem Scheitern der Jagd die sexuelle Hemmungslosigkeit und Genusssucht fast aller Schuld gewesen sei. Einer gestand, dass er es nicht geschafft habe, in dem fraglichen Zeitraum ohne sexuelle Befriedigung auszukommen, und sprach die Hoffnung aus, dass kein Zusammenhang mit dem Debakel am Fuß der Berge bestehe. Nur um sicherzugehen, hatte er seine Frau des Ehebruchs beschuldigt und verdroschen.

Die Art, wie das Feuer sich gegen sie gekehrt hatte, der Umstand, dass die Hunde sich gebissen hatten, die Art, wie die Antilope sich in eine Kuh verwandelt hatte – all das sprach dafür, dass entweder Ehebruch oder aber Zauberei im Spiel gewesen war, womöglich beides. Auf dem Dorf lastete eine dicke Wolke von gegenseitigen Verdächtigungen. Nachbarn hatten sich als Lüstlinge und Lügner entlarvt. Die Frauen waren möglicherweise Ehebrecherinnen. Hexerei lag in der Luft.

Wie alle anderen Menschen haben auch die Dowayos ihre guten und ihre schlechten Tage. Von einem Bewohner dieser Welt erwarten sie, dass Glück und Unglück sich bei ihm mischen, und wenn ihn Unheil befällt, so forschen sie den Gründen dafür nicht allzu weit nach. Sie haben eine ganze Palette von Strategien entwickelt, um für die vielschichtigen Wechselfälle des Lebens, die wir Glück oder Pech nennen, mehr oder minder stringente Erklärungen zu liefern. Ein Mensch kann Glück haben, weil er sich eine wirksame Zauberkraft einverleibt hat oder weil er Amulette und Zaubersprüche verwendet. Am Pech kann die Zauberei anderer oder der Einfluss feindseliger Ahnengeister schuld sein. All das kann zusammenwirken, sodass es schwer wird, die Ereignisse zu interpretieren. Unter Umständen verstärken die Ahnengeister die Zauberei, der man sich vonseiten eines lebenden Nebenbuhlers ausgesetzt sieht. Sie können auch in den Wahrsagevorgang eingreifen, durch den man normalerweise herausfindet, welche Faktoren wirksam sind. Zu viel Gewissheit kann ein Mensch nicht erwarten. Auffällig ist, dass binnen kurzer Zeit die Art und Weise, wie vergleichbare Ereignisse betrachtet werden, sich völlig ändern kann. Ist der Verdacht der Zauberei erst einmal aufgekommen, so stellen sich die Beweise dafür von selbst ein.

Die Geschlechtsteile von Zuuldibos Rindern wurden von Würmern befallen. Sein Sohn stolperte auf einem steinigen Pfad und verrenkte sich den Knöchel. Bier, das hatte gären sollen, wurde stattdessen sauer. All das sind im Leben der Dowayos ziemlich gewöhnliche Vorfälle, die normalerweise keine besondere Beachtung gefunden hätten. Unter den gegenwärtigen Umständen indes wurde das alles als Teil ein und derselben Geschichte betrachtet, als Beweis dafür, dass generell etwas nicht stimmte. Zuuldibo machte sich unverkennbar Sorgen. Eines Nachts erschien ein kleiner Junge an meiner Tür und fragte, ob ich irgendwelche »Wurzeln« hätte, die dem Häuptling helfen könnten einzuschlafen. Ich schickte ihm ein paar, die ich anlässlich eines Malariaanfalls vom dortigen Doktor bekommen hatte, aber am nächsten Tag war Zuuldibo bekümmert und erklärte, er habe schlecht geträumt.

In der folgenden Nacht wurden in der Nähe der Rinder Eulen gesichtet. Zwei der Ehefrauen begannen ostentativ, Stacheln vom Stachelschwein und andere Mittel gegen Hexerei auf den Dächern ihrer Hütten anzubringen. Eulen werden mit Zauberei in Verbindung gebracht, und die Dowayos haben große Angst vor ihnen »wegen ihres starren Blicks«, wobei sie das Gleiche auch als Grund für ihre Angst vor Leoparden angeben. Die Ehefrauen gaben mit ihren Vorkehrungen die ziemlich unmissverständliche Versicherung ab, sie wüssten, dass Zauberei im Spiel sei, sie selber aber hätten nichts damit zu tun.

Das ist ein Gebiet, auf dem ein Außenstehender wie ich eine

definitiv bevorzugte Stellung genießt. Alle Dowayos sind sich darin einig, dass Weiße von Zauberei keine Ahnung haben. Das diesbezügliche Geheimwissen ist in den Heimatländern der Betreffenden verloren gegangen. Weiße können weder Hexer sein, noch können sie Opfer von Hexerei werden. Bei meinem vorherigen Besuch hatte ich nach einer Reihe von Missgeschicken, wozu ein Autounfall, eine Erkrankung sowie finanzielle Schwierigkeiten gehörten, gegenüber einigen Dowayos angedeutet, ich sei womöglich das Opfer eines Angriffs mittels Zauberei. Alle hatten darüber gelacht wie über einen gelungenen Witz.

Ein paar Tage später kam eine der Frauen mit der Nachricht, das Wasserloch sei grün und verschleimt. Daraufhin wurde nach einem bestimmten Wahrsager geschickt. Er genoss überall im Land der Dowayos einen großen Ruf. Er würde sehr teuer sein.

Seine äußere Erscheinung war ein bisschen enttäuschend. Keine Amulette und extravaganten Kleider, kein Stock in Form einer Schlange, keine Einschüchterung durch übertriebenes Anstarren der Gesprächspartner! Er war zurückhaltend und ruhig und trug einen grauen Kittel. Er erinnerte wahrhaftig an einen Facharzt in einem modernen Krankenhaus. Er rief die ganze Familie des Häuptlings zusammen und befragte sie über die Vorgänge, wobei er ihre vertraulichen Mitteilungen mit Kopfnicken und sanftem Gemurmel kommentierte. Interessanterweise erwähnte niemand die Jagd, die ich für das Schlüsselereignis in der ganzen Affäre gehalten hatte, da ja alles, was gefolgt war, auf ihr aufbaute. Er verlangte eine Schale mit Wasser, und die Frauen mussten den Raum verlassen. Die Schale wurde vor ihn hingestellt, und er blies mehrere Male über die Oberfläche, ehe er den Wasserspiegel sich glätten ließ. Er starrte etwa dreißig Sekunden lang angespannt ins Wasser. Wir alle hielten den Atem an. Er räusperte sich, und alle beugten sich vor, um keines seiner Worte zu verpassen.

Wie es schien, war der Fall schwierig. Er würde das *zepto*-Orakel anwenden. Allgemeines »Ah«. Er kramte in seiner kleinen Ledertasche und zog einige Stücke einer kaktusartigen Pflanze heraus. Zwei Scheiben wurden abgeschnitten, und die Sitzung begann. Es wirkte irgendwie verkehrt, dass die Sache am helllichten Tag vor sich ging, während das Sonnenlicht durch die Tür der Hütte flutete. Das Ganze schien nach dem flackernden Licht eines Feuers zu verlangen und nach einem dramatischen Spiel der Schatten, durch das sich die Gesichter in Bühnenmasken verwandelten. Alles ging in völliger Nüchternheit vor sich. Wir beobachteten einen Menschen, der sein Handwerk verstand. Er flößte Vertrauen ein. Seine Handbewegungen waren sparsam und präzis. Der Wahrsagevorgang besteht darin, dass man zwei Pflanzenscheiben gegeneinander reibt und währenddessen Fragen stellt. Die Scheiben kleben fest oder gehen kaputt, wenn die richtige Frage gestellt wird. Dann nimmt man neue Teile der *zepto*-Pflanze und setzt die Befragung fort.

Zuerst kam die Frage nach der Zauberei. War Magie im Spiel? Das Orakel bestätigte das. Welche Art Magie? Er nannte verschiedene Arten. Das Orakel wählte eine aus. Waren es Frauen? Laut Orakel war das der Fall. Schließlich waren wir offenbar mittels immer gezielterer Fragen so weit herabgestiegen, dass Namen genannt werden konnten. War es der Weiße Mann? Keine Antwort vom Orakel. Die Männer lachten. Mir brach der Schweiß aus. Die beiden Oberflächen bewegten sich reibungslos hin und her. Wenn das *zepto* jetzt noch ins Stocken geriet, saß ich nach wie vor in der Patsche. Die Zeitspanne, die verstrich, bis er zur nächsten Frage weiterging, kam mir ungebührlich lang vor. Es war wie bei dem Spiel »Reise nach Jerusalem«, wo man den einen Sitzplatz gleich wieder räumen muss, ohne Hoffnung darauf, dass man den nächsten erreicht.

Die Dowayos wissen natürlich, dass Wahrsager das Orakel

manipulieren und betrügerisch verwenden können. Für den Preis, den man bezahlt, erwartet man Qualität – nicht nur, was den Mann selbst, sondern auch, was die Kraft seiner Pflanze betrifft. Wenn der Wahrsager mich als den Urheber der Magie identifiziert hätte, wäre das Vertrauen des Publikums in seine Zuverlässigkeit massiv erschüttert worden.

Schließlich wurde eine Frau aus dem nächsten Anwesen als die Missetäterin ausgemacht. Entgegen den Erwartungen ließ es der Wahrsager nicht dabei bewenden. Er nahm zwei neue Pflanzenscheiben. Waren Geister mit im Spiel? Jawohl. Aha, der Fall lag kompliziert. Das Publikum nickte zustimmend. Ohne Frage, der Mann verstand sein Handwerk. Alle Patienten mögen es, wenn man ihnen erzählt, ihr Fall sei etwas Besonderes und erfordere das ganze Können des Arztes.

Nach dem Ausdruck auf Zuuldibos Gesicht zu urteilen, war er genauso sicher wie ich, wo der Wahrsager landen würde. Wieder einmal war es Alice. Zweifellos steckte sie hinter der Zauberkraft des kleinen Fischs im benachbarten Anwesen.

Der Wahrsager brachte einen anderen Namen aufs Tapet, eine Frau, die schon lange tot und von der nicht bekannt war, dass sie ihre Sippe je belästigt hätte. Es war, als verlöre er in diesem Augenblick die Gewalt über sein Publikum. Sie fingen an, den Kopf zu schütteln, und wechselten heimliche Blicke. Der Wahrsager spürte das ebenfalls. Er begann, das Arbeitstempo zu beschleunigen, und wartete mit einigen ziemlich tollen Behauptungen über die praktischen Forderungen auf, die von der Toten erhoben würden. Aber er hatte seine Glaubwürdigkeit verloren. Ein Versuch, das Gewicht wieder auf die Zauberkraft der Übeltäterin im benachbarten Anwesen zurückzuverlegen, ging arg daneben. Niemand schien ihm mehr Glauben zu schenken.

Dass ein paar von den Männern mit Zuuldibos Schwiegervater, der gleichfalls geübt im Umgang mit den *zepto*-Scheiben war, wenige Tage später eine weitere Sitzung veranstalteten, war keine Überraschung. Dank seiner größeren Vertrautheit mit den Bedingungen vor Ort rückte er mit der Antwort heraus, das Ganze sei auf Alice und ihre Einmischung zurückzuführen. Diese Diagnose fand noch in derselben Nacht ihre Bestätigung. Einem anderen Mann erschien Alice im Traum, um ihm mit einiger Ausführlichkeit ihre Beschwerden vorzutragen. Normalerweise beschweren sich die Toten ganz allgemein darüber, dass man sie vernachlässige. Man hat versäumt, ihnen Bier- oder Blutopfer darzubringen. Oder man hat sich nicht um die Veranstaltung der Zeremonien gekümmert, durch die sie für eine Wiedergeburt verfügbar gemacht werden sollen. Bei Alice verhielt es sich wieder einmal anders. So, wie sie sich schon zu Lebzeiten nicht damit begnügt hatte, sich um Dinge zu kümmern, die man im strengen Sinn als ihre eigenen Angelegenheiten bezeichnen konnte, so nahm sie sich nun auch im Tode heraus, sich um das Tun und Lassen ihrer Nachkommenschaft umfassend zu kümmern. Sie war offenbar empört darüber, dass ihr Neffe Zuuldibo die geplante Beschneidungszeremonie nicht eifriger betrieb. Ihr jüngster Sohn war noch unbeschnitten, wiewohl schon verheiratet. Sie wünschte, dass endlich etwas geschah. Wie mir schien, hatte ich in Alice zu guter Letzt eine Bundesgenossin gewonnen.

11
Der schwarz-weiße Mann

Im Land der Dowayos schlich die Zeit dahin. Mein eigener Stoffwechsel schien sich auf einen verlangsamten Lebensrhythmus eingestellt zu haben. Wenn Fremde von draußen erschienen, war es, als würden sie mit unanständiger Rasanz am Horizont vorbeisausen. Ich stand vom Schlaf auf, aß, trank, verrichtete mein Verdauungsgeschäft, redete. Die Zeit verging. Den Großteil des Tages verbrachte ich beim einheimischen Heilkundigen, der mich als seinen Schüler akzeptiert hatte. Wir machten zusammen Krankenbesuche und diskutierten über Krankheiten. (Woher wissen Sie, dass dies eine Krankheit ist? Ist es nur Anzeichen für eine andere Erkrankung, oder ist es selbst die Krankheit?) Ich erhielt Übung in der Kunst der Diagnose. Ich lernte, *zepto*-Scheiben aneinanderzureiben, wie das die Heilkundigen taten, um durch Wahrsagen zu entscheiden, ob die eigentliche Ursache einer Erkrankung das Missfallen von Vorfahren, Zauberei, die Verletzung eines Verbots, Kontakt mit verunreinigten Menschen oder was auch immer war. Ich lernte Heilkräuter kennen. Ich lernte, wie man eine Frau zur Ader lässt, die wegen zu viel Sonneneinstrahlung unter einem Übermaß an Blut leidet. Mein Lehrer war genauso weise, sanft und unerbittlich, wie es mein Tutor in Oxford gewesen war.

Aber sosehr ich das alles zu schätzen wusste, hatte ich doch zugleich das Gefühl, den Geheimnissen der Beschneidung, um derentwillen ich ja schließlich da war, kein bisschen nähergekommen zu sein. Mit der Ungeduld einer Armee in Friedenszeiten führten Matthieu und ich endlose Probeläufe durch. Wir säuberten und überprüften die Ausrüstung. Schimmel und Termitenfraß hatten nur unwichtige Teile der Apparatur in Mitleidenschaft gezogen. Wir übten das Einlegen des Films. Ich brachte Matthieu das Fotografieren sowohl mit der automatischen als auch mit der manuell bedienten Kamera bei. Er lernte beides rasch.

Während wir mit solchen zeitfüllenden Tätigkeiten beschäftigt waren, bekamen wir Irma, die jüngste Tochter des Häuptlings, bemerkenswert häufig zu Gesicht. Sie nahm die Gewohnheit an, aufzutauchen und sich auf dem freien Platz vor unseren Hütten der Schönheitspflege hinzugeben. Daran war nicht notwendig etwas Ungewöhnliches. Schließlich gehörte das Anwesen ihrem Vater. Und die jungen Damen bei den Dowayos sind sehr mit der Selbstverschönerung beschäftigt. Sie flechten sich komplizierte Haartrachten. Sie reiben sich die Haut mit Öl und roter Tonerde ein, bis sie wie altes Mahagoni glänzt.

Nach einiger Zeit indes fing Irma offenbar bewusst an, schwüle Posen einzunehmen, wenn sie auf den Klötzen, die vor ihres Vaters Hütte als Sitzgelegenheit dienten, in Stellung ging. Sie sang merkwürdige kleine Weisen und ließ ihre Reize voll zur Geltung kommen. Matthieus Verlegenheit war unübersehbar. Für jedermann war klar, dass sie es auf ihn abgesehen hatte. Gewiss, sie war zwar schon verheiratet, aber das hatte nicht unbedingt viel zu sagen. Bei den Dowayos sind Scheidungen häufig. Wenn man einen jungen Mann wie Matthieu ins Anwesen einführte, der noch ungebunden, aber im Höchstmaß heiratsfähig war, so konnte es gar nicht ausbleiben, dass dies gewisse zerstörerische Auswirkungen auf das Sozialleben hatte. Ich war erleichtert, dass die Betroffene Zuuldibos Tochter und nicht eine seiner Frauen war. Bis jetzt waren noch keine Klagen an mein Ohr gedrungen, was bei so vielen eifersüchtigen Damen, die einander mit Argusaugen beobachteten, dafür sprach, dass sich alle eines mustergültigen Betragens befleißigt hatten.

Irma war von der Natur nicht allzu sehr begünstigt. Vom Vater hatte sie die stämmige Statur geerbt, die nicht einmal durch die Andeutung einer Taille gemildert wurde, sowie den Rundkopf, dessen kugelige Form sie noch dadurch verstärkte, dass sie ihn ständig schor. Ihr eigentliches Plus für den Heiratsmarkt bestand indes nicht in körperlichen Reizen. Ihre große Stärke war, dass sie eine ungewöhnliche Fruchtbarkeit an den Tag gelegt und im Laufe einer nur erst zweijährigen Ehe schon zwei Kinder zur Welt gebracht hatte, von denen eines allerdings leider wieder gestorben war. Derzeit war sie erneut schwanger. Wenn sie sich jetzt von ihrem Mann trennte, so musste die Frage des Eigentums an dem Ungeborenen zu einem herrlichen Rechtsstreit führen, den die Dowayos genüsslich auskosten würden. Sie war zugegebenermaßen ein bisschen älter als Matthieu, aber in einer Kultur, wo ein Junge damit rechnen kann, die Frauen seines Vaters zu erben oder die eines methusalemischen Onkels zu übernehmen, ist das kein ernsthafter Einwand. Wenn er den Brautpreis aufbringen konnte, war sie eine sehr gute Partie. Mir war klar, dass sich seine Hoffnungen todsicher auf mich als Finanzierungsquelle richten würden. Ich würde Appellen, Schmeicheleien und Ausbrüchen schlechter Laune ausgesetzt sein, bis ich in einer schwachen Minute Hilfe versprach. Als ich mir die Unterhaltungen der letzten paar Tage ins Gedächtnis rief, konnte ich mit paranoischer Deutlichkeit den roten Faden erkennen, der Matthieus Diskurs durchzog. Das Vieh seines Vaters war krank, die Hirse sah in diesem Jahr nicht gut aus. Ich beschloss, zurückzuschlagen und ein paar Bemerkungen über meine eigene Mittellosigkeit und Geldknappheit fallen zu lassen.

Eine besonders gemeine Technik, deren sich Matthieu in der Vergangenheit bedient hatte, um Druck auf mich auszuüben, bestand darin, an strategisch wichtigen öffentlichen Orten Verwandte zu postieren. Die konnten mich dann aus dem Hinterhalt überfallen, meine Knie umfangen und vor aller Welt das Lob meiner Großzügigkeit singen. Während sie meinen Reichtum mit ihrer Armut und meine Freigebigkeit und Wohltätigkeit mit der Hartherzigkeit der Brautpreisempfänger verglichen, schossen ihnen von selber Tränen der Dankbarkeit in die Augen. Heulend und schreiend dankten sie mir für Dinge, in die ich nie eingewilligt hatte, bis ich mich in der öffentlichen Meinung durch eine Weigerung der schlimmsten Treulosigkeit schuldig gemacht hätte.

In den nächsten paar Tagen sorgte Irma von sich aus für eine Verstärkung des Drucks. Wir spielten immer mit Fotoapparaten herum und wollten sie doch bestimmt einmal fotografieren! Wollten wir sie lieber mit Kind (wir wussten natürlich, dass sie schon zwei Kinder zur Welt gebracht hatte, nicht wahr?) oder ohne aufnehmen? Zu ihrem Leidwesen habe sie sich – mit eleganter Geste wies sie auf ihre füllige Gestalt – nicht zurechtmachen können, aber vielleicht war uns ja auch ihre Alltagserscheinung gut genug! Einer Regung unnötiger Boshaftigkeit folgend, schlug ich vor, Matthieu solle zu Übungszwecken ein paar Aufnahmen von Irma machen.

So kam es denn, dass Irma erst nach einem ausgedehnten Aufenthalt in unserer Gesellschaft wieder in die Gästehütte zurückkehrte, in der sie und ihr Mann untergebracht waren. Zuuldibo hatte ihnen die große Ehre widerfahren lassen, sie neben der Bierhütte einzuquartieren – ein Beweis äußersten Vertrauens. Unmittelbar anschließend hörten wir laute Stimmen, gefolgt vom

Klatschen einer eheherrlichen Hand, und dann streckte Zuuldibos Schwiegersohn den Kopf über die niedrige Lehmmauer und starrte zu uns herüber. Dass er sich im Dorf des Vaters seiner Frau so benahm, deutete darauf hin, dass die Sache auf eine Krise zusteuerte. Ich entschied, es sei Zeit für eine Expedition, um uns aus dem Dorf zu entfernen, bis die Lage sich wieder beruhigt hatte.

Just in diesem Augenblick kam Gaston angeradelt. In der Stadt sei ein Mann, ein schwarz-weißer Mann, der mich zu kennen behaupte und nach mir suche. Gaston hatte ihn zur Missionsstation geschickt und war mit dem Rad zurückgekommen, um mich zu warnen, falls ich eine Begegnung mit dem Mann zu vermeiden wünschte. Diese Vorstellung der Dowayos von einer Welt, die ebenso voll ist von Leuten, denen man besser nicht begegnet, wie reich an Gelegenheiten, solchen Leuten aus dem Weg zu gehen, hat mir immer eingeleuchtet.

Ich erriet sogleich, um wen es sich handelte – nämlich um meinen Kollegen Bob, den Mann, der bei der Geschichte mit dem Affen im Kino dabeigewesen war. Mit der Bezeichnung »schwarz-weißer Mann« ist nicht ein Mischling gemeint (Bob war von äußerst dunkler Hautfarbe), sondern ein Schwarzer, der die westliche Kultur angenommen hat und sich wie ein Weißer beträgt.

Bob und ich hatten uns ganz zufällig vor einiger Zeit kennengelernt. Ich fuhr in die Stadt, um Vorräte einzukaufen, als sich mir unterwegs ein seltsamer Anblick bot: Am Straßenrand stand ein Tramper. Nun ist das an sich nichts Besonderes. Die Leute in Afrika fahren ständig per Anhalter. Ganze Familien reisen gemeinsam auf diese Weise und schleppen häufig noch auf dem Kopf den Großteil ihrer Habe und ihres Viehzeugs mit sich herum. Die anerkannte Methode zu winken, sieht indes so aus, dass man am Straßenrand steht und bei entspanntem Handgelenk mit dem Unterarm wedelt. Wenn man mitgenommen wird, so ist das normalerweise keine Wohltat, die kostenlos gewährt wird, sondern es wird Bezahlung erwartet. Für Lastkraftwagenfahrer zum Beispiel ergibt sich daraus eine wichtige Aufbesserung ihrer Löhne. Kein Fahrzeug wird je als ungeeignet für den Massentransport von Menschen und beweglicher Habe angesehen. Benzintankwagen etwa gelten als ideal für diesen Zweck, und man sieht sie regelmäßig die Straßen entlangdonnern, während sich Passagiere mit ziemlich starrem Blick an ihre runde Oberseite klammern.

In diesem Fall war der Tramper insofern ungewöhnlich, als er nach der westlichen Methode trampte und beim Nahen von Fahrzeugen den ausgestreckten Daumen in die Luft stieß.

Das war kein guter Einfall. In Afrika mag es unterschiedliche Interpretationen dieser Geste geben, aber alle kommen darin überein, sie für ziemlich unanständig zu halten. Solch eine Gebärde kann, wenn man einen ausgewachsenen afrikanischen Lastwagenfahrer damit konfrontiert, diesen ohne Weiteres zu Zornausbrüchen und zur Gewaltanwendung provozieren. Sollte sich ein weibliches Familienmitglied des solcherart angesprochenen Fahrers, etwa seine Mutter oder Schwester, mit im Führerhaus befinden, muss man mit ziemlicher Sicherheit auf das Schlimmste gefasst sein.

Dem Tramper lag die Absicht zu beleidigen allem Anschein nach fern. Der Ausdruck von verblüffter Enttäuschung auf seinem Gesicht war unübersehbar. Gelegentlich machte ein Lastwagen einen gefährlichen Schwenk in Richtung auf seinen Standort, und einen Augenblick lang tauchte hinter der Windschutzscheibe ein wutentbranntes Gesicht auf, dessen Mund ihm unhörbare Schimpfworte entgegenschleuderte. Keiner hielt an. Nur ich.

Da mein Mitfahrer mich für einen Franzosen hielt, parlierte

er eine Zeit lang mit mir auf Französisch. Als er herausbekommen hatte, dass ich auch Englisch sprach, wechselte er auf dieses Verständigungsmittel über, das er allerdings mit starkem amerikanischem Akzent sprach. Dass er nicht gänzlich afrikanischen Ursprungs war, war für mich immer noch nicht erkennbar. Arrivierte afrikanische Jugendliche nehmen sich für ihr Englisch häufig die Helden einer längst nicht mehr stummen Leinwand zum Vorbild und kultivieren, ohne je in den USA gewesen zu sein, das schleppende Texanisch eines John Wayne oder Akzente in bester Südstaaten-Pflanzertradition.

Erst nach etlichen Kilometern gestand er widerstrebend, ein schwarzer Amerikaner oder, wie er sich ausdrückte, »ein Afrikaner amerikanischer Herkunft« zu sein. Offenbar war sein Lastwagen ein paar Kilometer östlich der Stelle, wo ich ihn aufgelesen hatte, mit einer Panne liegen geblieben. Was machte er hier? Gehörte er vielleicht zum Friedenskorps? Bobs Gesichtsausdruck verriet einen gewissen Mangel an Achtung für das Korps und seine Ideale. Er war Ethnologe. Bei seinen Forschungen ging es um die Händler der städtischen Märkte. Er bemühte sich festzustellen, welche Faktoren für Art und Preis der Waren, die auf dem Markt angeboten wurden, und für die subtileren kulturellen Aspekte der wirtschaftlichen Vorgänge auf dem Markt von Bedeutung waren. Da er mit Mitteilungen über seinen eigenen Hintergrund so gegeizt hatte, schwieg ich mich auch über meinen aus und ermunterte ihn, mir einen Vortrag über das Wesen der ethnologischen Forschung zu halten. Ich erinnere mich nicht mehr genau an das, was er sagte, und weiß nur noch, dass er eine besondere Verachtung für jene Ethnologen empfand, die sich wie ich mit Problemen der Religion oder des Rituals beschäftigten. Diese Leute galten ihm als von Grund auf frivol und schlecht, weil sie mit dem, was sie taten, von der Wirklichkeit der ökonomischen Ausbeutung ablenkten.

Ich vermute, dass Bob und ich, wären wir uns in Europa oder Amerika begegnet, ziemlich schnell zu dem Ergebnis gekommen wären, dass wir uns wenig zu sagen hatten, und dass es damit sein Bewenden gehabt hätte. In Afrika aber fühlen sich Leute aus dem Westen derart isoliert, dass alle Differenzen anscheinend zur Bedeutungslosigkeit herabsinken. Am Ende kommt man dazu, Menschen zu mögen, mit denen man zu Hause nicht einmal reden würde.

In diesem Fall verspürte mein Fahrgast offenbar ein verzweifeltes Bedürfnis danach, sich mit jemandem in Englisch zu unterhalten, und als ich ihn in einem der weniger feinen Stadtbezirke absetzte, bot er mir die landesübliche Bewirtung an – ein Bier.

Sein Haus war modern, aber schlicht, ein Bau aus quadratischen Lehmziegeln mit einem Zementbewurf. Dahinter befand sich ein kleiner Garten mit einer eigenen Kochhütte. Dass die Europäer bereit sind, unter ein und demselben Dach zu kochen und zu schlafen, ruft bei Afrikanern Entsetzen hervor. Wie ich neiderfüllt registrierte, besaß er Mobiliar, unter anderem so luxuriöse Dinge wie ein Bett und Stühle aus Winkeleisen. Wie in Kamerun seltsamerweise stets der Fall, waren diese, ihrer enormen Stabilität zum Trotz, lädiert. Hier fehlte ein Bein, dort eine Armlehne, als handelte es sich um Veteranen aus einem verlustreichen Feldzug. Der ausschweifendste Luxus bestand in einem niedrigen Teetisch, auf den wir unser Bier stellten. Quasi als Gegengewicht gegen so viel Verweichlichung tranken wir, wie es sich unter Männern gehört, aus der Flasche. Nach der Temperatur des Biers zu urteilen, besaß Bob auch einen Kühlschrank.

Im Verlauf der nächsten Monate lernten wir uns ziemlich gut kennen. Einsame Westler tendieren dazu, sich auf den wenigen Schauplätzen, die sie frequentieren, immer wieder in die Arme zu laufen. Es vergingen fast zwei Monate, ehe er mich fragte, was ich in Kamerun machte. Er war zweifellos davon ausgegangen, dass ich in einem der vielen Entwicklungsprojekte arbeitete, und hatte sich dadurch ermuntert gefühlt, mich mit einem Porträt des Ethnologen in seinem naturgemäßen Wirkungsbereich zu versorgen. Als er nun endlich herausfand, wie es sich in Wahrheit verhielt, wurde das ein ständiger Jux zwischen uns, wobei er immer wieder drohte, mich im Feld zu besuchen.

Bob war ein unausgeglichener Mensch. Die meisten seiner Probleme hingen mit seiner schwarzen Hautfarbe und mit seinen Versuchen zusammen, gegenüber dieser Tatsache und dem, was sie implizierte, eine vernünftige, entkrampfte und selbstbewusste Haltung einzunehmen. Er hatte in einem College im Osten eine Art »Schwarzes Studium« absolviert, denn er war der Ansicht, dass farbige Amerikaner eine alternative kulturelle Tradition bräuchten, die ihnen einen höheren Platz einräumte, als die Kultur der Weißen für sie bereithielt. Er feierte keine Weihnachten, sondern ein obskures Fest suahelischen Ursprungs. Er war außer sich, als er feststellen musste, dass die Afrikaner nie davon gehört hatten. Er hatte Suaheli gelernt und traktierte damit einmal wöchentlich zu Hause seine Frau und Kinder. Da er mangels gegenteiliger Informationen angenommen hatte, Afrika bilde so etwas wie einen einheitlichen Sprachraum, hatte es ihn ehrlich erstaunt, dass niemand in Kamerun Suaheli sprechen konnte oder auch nur davon gehört hatte.

Damals sei er noch dumm und unbedarft gewesen, bekannte er. Seit seiner Ankunft in Afrika hatte er sich darangemacht, Fulbisch zu lernen, eine Sprache, die ihm schwerfiel. Er hatte sich ein nicht sehr aufregendes, aber zweifellos wertvolles Forschungsthema ausgesucht, an dem er mit Hingabe arbeitete. Weil er das Vertrauen der Einheimischen gewinnen wollte, musste er unbedingt in einem der ärmeren Stadtviertel wohnen, in einer Hütte ohne fließendes Wasser. Manchmal hatte man den Eindruck, dass für ihn seine Glaubwürdigkeit als Ethnologe an der fehlenden Wasserleitung hing. In diese Hütte zog er mit Frau und drei Kindern ein, um an dem erfüllten und farbenfrohen Leben der Einheimischen teilzuhaben und »seinen Ursprüngen nachzuforschen«. Das Problem war, dass seine Frau das Leben der Einheimischen weder erfüllt noch farbenfroh fand.

Zur ersten Krise war es schon nach wenigen Wochen gekommen. Seine kleine Tochter wurde krank. Nichts ist besser geeignet als eine Krankheit, um den Panzer aus falschen Ansprüchen zu durchschlagen, hinter dem alle Menschen ihr Selbstwertgefühl in Sicherheit bringen. Alle afrikanischen Freunde Bobs sprachen davon, dem Kind starke Abführmittel zu verabreichen und es mithilfe von Schröpfköpfen kräftig zur Ader zu lassen. Bob wollte einen amerikanischen Doktor, einen mit sterilisiertem Besteck und vertrauenerweckend weißem Kittel. In diesem Punkt stimmte seine Frau voll und ganz mit ihm überein, die es entschieden ablehnte, einen einheimischen Heilkundigen zu konsultieren, wobei sie meinte, man könne sich darüber, wie diese Haltung sich mit ihrem Bekenntnis zum »Afrikanertum« vertrage, später Gedanken machen. Bob hatte aber darauf bestanden, das Kind solle bei der Familie in dem heißen, lauten, schmutzigen Stadtviertel ohne Wasseranschluss bleiben. Bobs Frau hatte verlangt, in ein Hotel zu ziehen, bis das Kind wieder gesund war. Böse, nicht wiedergutzumachende Worte wurden gewechselt. Das Zusammenleben verwandelte sich in einen kalten Krieg.

Der nächste Konflikt brach aus, als es um die Frage ging, ob die Kinder es den einheimischen gleichtun und in dem bilharzien-verseuchten Fluss baden durften. Bob musste seine Forschungen für zwei Wochen unterbrechen, während er die Nachbarn zu überreden versuchte, dass diese *ihren* Kindern verboten, dem Fluss nahezukommen. Ein voller Erfolg war ihm nicht beschieden, aber die Zahl der Bekehrten war groß genug, um seinen Standpunkt zu rechtfertigen. So passte er sich also den herrschenden Verhältnissen dadurch an, dass er sie veränderte.

Unheilbar wurde der Bruch zwischen den Eheleuten, als herauskam, dass Bob im Einklang mit den freundschaftlichen Umgangsformen der Einheimischen den Nachbarsfrauen erlaubt hatte, das jüngste Kind an die Brust zu nehmen, wenn es unruhig war. Beim Gedanken an die ungewaschenen Brustwarzen, die ihrem keimfrei gemachten Sprössling unterschiedslos in den Mund gestopft worden waren, schüttelte sich Bobs Frau vor Entsetzen. Das Kind wurde nach Hause in die Vereinigten Staaten geschickt, um dort bei der Großmutter aufzuwachsen, »aus gesundheitlichen Gründen«.

Schließlich kam es über der Frage der Einschulung der übrigen Kinder zum Eklat. Da er sich der möglicherweise entscheidenden Folgen, die eine nach Hautfarbe getrennte Erziehung für die Entwicklung der Kinder haben konnte, nur zu bewusst war, war Bob felsenfest entschlossen, sie auf die kommunale Schule zu schicken. Seine Frau war außerstande, das abgründig niedrige Bildungsniveau, das ihre Kinder dort erwartete, als integrierenden Bestandteil des erfüllten und farbenfrohen Lebens der Einheimischen zu würdigen. Da sie und Bob in ihrer Kindheit unter einer schlechten schulischen Ausbildung gelitten hatten und es sie beide herkulische Anstrengung gekostet hatte, sich zum College durchzukämpfen, konnte er ihren Standpunkt verstehen und widersetzte sich ihr nur halbherzig. Die Einsicht, die er bewies, zog unausweichlich die Niederlage nach sich. Die beiden Kinder folgten dem Ersten, »um mit ihrer Schwester zusammen zu sein«. Bobs ideologische Grundfesten waren erschüttert. Aber noch Schlimmeres stand ihm bevor – seine Frau verließ ihn.

Obwohl sie von Natur gutherzig und großzügig war, ging das Leben in dem Stadtviertel allmählich über ihre Kräfte. Das Schlimmste war, dass sämtliche Nachbarn sich nicht darin beirren ließen, in ihr und ihrem Mann vor allem Amerikaner und erst an zweiter Stelle Schwarze zu sehen. Auf seelenverwandtschaftliche Ergüsse von ihrer Seite blieb die Antwort deshalb aus. Bobs Entschluss, in einer unbequemen engen Hütte zu leben, rief ungläubiges Staunen hervor. Im Suff hatte ein Mann Bob sogar auf offener Straße deswegen zur Rede gestellt. Was fiel ihm ein, in der Gosse zu leben, wo doch jedermann wusste, dass alle Amerikaner reich waren? Seiner Frau und Familie leiste er mit solcher Filzigkeit einen schlechten Dienst. Er war dem hilflosen Bob sogar mit Sprichwörtern zu Leibe gerückt.

Weil seine Eltern einmal Schwerarbeit als Dienstboten hatten leisten müssen, erteilte Bob standhaft allen eine Absage, die sich ihm als Wäscher, Gärtner, Ausbesserer im Haus, Fahrer usw. anboten. In seinem Eifer, die Menschen von den Fesseln einer überholten Knechtschaft befreit zu sehen, lehnte er es ab, irgendjemandem schmachvolle Dienstbotentätigkeiten aufzubürden.

Aber auch das wurde von den Nachbarn höchst übel aufgenommen und vereitelte alle seine Bemühungen um gutnachbarschaftliche Beziehungen. In Afrika gelten die Reichen häufig als verpflichtet, den Armen eine Beschäftigung zu bieten – und genauso wurde Bobs Frau die Sache vorgestellt. Die Einheimischen weigerten sich zu verstehen, warum Bob ihnen nicht helfen wollte. Der Grund konnte nur seine Knickrigkeit sein. In Kulturen, in denen heidnische Tugenden gepredigt, wenn auch nicht immer praktiziert werden, ist Knickrigkeit in den Augen der Leute eine viel größere Sünde als bei uns. In einer Welt, in der das ganze Sozialgefüge von wechselseitigen Leistungen und Verpflichtungen abhängt, für deren Durchsetzung es im Großen und Ganzen keine Zwangsmittel gibt, ist ein Geizhals eine echte Bedrohung. Es war diese Erfahrung – zusammen mit der Langeweile ihres gesellschaftlichen Lebens, der Unmöglichkeit, etwas in ihren Augen Essbares aufzutreiben, der allgemeinen Böswilligkeit anderer Frauen, die sich über Dinge in ihrem Verhalten aufregten, die sie bei einer weißen Amerikanerin ohne Weiteres akzeptiert hätten –, die sie schließlich vertrieb und »zu ihren Kindern« ziehen ließ.

So blieb denn Bob mit seinem Projekt allein, und es dauerte nicht lange, da nahm ihn eine benachbarte Matrone unter ihre Fittiche, über deren Verhältnis zu dem »schwarz-weißen Mann« sich schon bald wilde Gerüchte verbreiteten.

Was Bob den Rest gab, war seine Arbeit über die Märkte. Die ortsansässigen fulbischen Händler manipulierten den lokalen Markt mit solch monopolistischer Unerbittlichkeit, dass kein Neuling beziehungsweise Nicht-Fulbe eine Chance hatte. Außerdem sicherten sie sich Profite von solchen Ausmaßen, dass Bob das helle Entsetzen packte. Er, der sein ganzes Leben lang unter Entbehrungen gelitten hatte, die Folge weißer Vorherrschaft waren, hatte Mühe, sich mit der Vorstellung abzufinden, dass schwarze Afrikaner imstande waren, mit vergleichbarer Rücksichtslosigkeit und Selbstgefälligkeit schwarze Afrikaner zu unterdrücken. Am Ende brach er dann seine Forschungen ab und ging nach Amerika zurück. Eigenartigerweise hatte dies alles seiner Begeisterung für das »Schwarze Studium« keinerlei Abbruch getan. Als ich zuletzt von ihm hörte, saß er an einem großen Projekt über afrikanische Literatur.

Bob hatte nämlich auf seiner Pilgerfahrt nach Afrika ein Erlebnis, das seine Rettung wurde.

Für diese Errettung eines Mitmenschen nehme ich persönlich kein Verdienst in Anspruch. Aber ein Teil davon steht jedenfalls den Dowayos und insbesondere Irma zu.

Bob tauchte einige Zeit nach Gastons Meldung im Dorf auf – als Matthieu und ich schon alle Hoffnung aufgegeben hatten, Irma zu entrinnen, die mit unverändert geziertem Getue quer durch das ganze Anwesen Posten bezogen hatte. Bob erklärte, er sei unterwegs zu einer der Städte im Süden, wo er »ein bisschen vergleichende Forschung« treiben wolle, und habe sich entschlossen, für ein paar Stunden bei mir vorbeizuschauen. Matthieu und ich machten mit ihm eine Führung. Wir besuchten den Häuptling, die Totenschädel und schließlich den Waschplatz der Männer, eine Zufluchtsstätte unter Bäumen, wo die Männer im sprudelnden kalten Wasser badeten und auf den sonnenbeschienenen Felsen lagen, um sich zu entspannen und zu unterhalten. Bob war fasziniert. Er hatte noch nie ein abgelegenes Dorf besucht. Seine ganze Zeit hatte er in den Städten und in jenen Dörfern an der Straße verbracht, die den städtischen Markt mit Nachschub versorgten.

Er war hingerissen von den Häusern mit ihren kühlen, tonscherbengepflasterten Höfen und ihren glatten roten Mauern. Er war hingerissen von den zarten Mustern aus Licht und Schatten, die sich unter den Sonnendächern aus geflochtenem Gras auf dem Boden abzeichneten. Er war hingerissen von den Wiesen, die zum tosenden Fluss hinunterwogten. Er war hingerissen von den Bergen, die zerklüftet und wild durch die Wolken emporragten. Er war hingerissen von den Feldern mit ihren in sauberen Reihen gepflanzten Früchten.

Das Land der Dowayos entsprach irgendeiner geheimen Vorstellung von ländlichem Frieden und erfülltem Leben, die er hegte. Das Dorf aalte sich in wohltuender Nestwärme. Die Hühner gackerten nicht, sie gluckstén. Kinder gab es ausschließlich als Quelle eines reinen unschuldigen Lachens, das uns wie Musik in den Ohren klang. Der leise Ton, in dem die Rinder muhten, verriet satte Zufriedenheit. Keine Halbwüchsigen stolzierten mit plärrenden Transistorapparaten vorbei, um einen an die unwirtlichere Welt draußen zu erinnern. Matthieus eigenes Radio ruhte still in dem roten schimmernden Warmhalteetui, das er dafür genäht hatte. Verschwunden waren die menschlichen Gestalten, die Stunde um Stunde zusammengekrümmt in brütender Sonne arbeiteten. Feingearbeiteten Skulpturen gleich, waren sie zu erspähen, wie sie in ihren Schutzhütten auf dem Feld der Ruhe pflegten. Die Eleganz ihrer Bewegungen, das sanfte Murmeln ihrer Stimmen ließen eher auf eine dichterische Betätigung als auf ein Gerangel um den Besitz von Rindern schließen. Die Felder selbst wirkten tadellos und vollkommen, als seien sie ohne menschliche Arbeit einfach da. So weit das Auge reichte, herrschte dank irgendeiner gigantischen Falschmünzerei des Kosmos ein himmlischer Friede.

Bob betrachtete dies alles mit innigem Wohlgefallen. Am wohlgefälligsten ruhte sein Blick auf Irma. Sie war ihm offenbar auf Anhieb rettungslos verfallen und posierte, als wir uns vor meiner Hütte niederließen, halb ohnmächtig zu seinen Füßen. Die Verständigung zwischen ihnen war schwierig. Matthieu fungierte als Dolmetscher, ohne es mit der Übersetzung allzu genau zu nehmen. Sie schenkte Bob ein Bündelchen roter Pepperoni. Er gab ihr Kaugummi und ein mit passender Widmung versehenes Foto von sich. Mir kam unvermeidlich die Schwarze Héloise in den Sinn. Würde dieses grinsende Gesicht fünfzig Jahre später aus den Tiefen der Truhe einer alten Frau wieder auftauchen? Bob schwärmte von Irma. Sie war, erklärte er, frisch und natürlich, das echte Afrika. Nur die Städte waren von Übel, und Städte waren – wie allgemein bekannt – von draußen importiert. Alles Übel, das war ihm jetzt klar, rührte von den repressiven Kräften des Westens her. Aber an einzelnen Stellen ließ sich immer noch die ursprüngliche Lebensweisheit antreffen. Indem er sich für diesen Gedanken erwärmte, kontrastierte er die bitteren Entbehrungen seines eigenen Stadtlebens mit meinem Glück, in der Gesellschaft dieser wahrhaft wunderbaren Menschen leben zu dürfen. Matthieu gab es rasch auf, alles übersetzen zu wollen, was Bob ihm in stockendem Französisch, unterbrochen von rhapsodischen Ausbrüchen in Englisch, vortrug. »Er sagt, das Dorf sieht reich aus«, beschied er einer verzückten Irma, oder »Er sagt, die Stadt ist teuer«.

Binnen weniger Stunden hatten sich auf diese Weise Bob und Irma in eine beiderseitige leidenschaftliche Inbrunst hineingesteigert. Es wirkte deshalb wie eine kalte Dusche, als er plötzlich erklärte, er müsse weiter, sein klimatisiertes Fahrzeug bestieg und verschwand. Der trügerische arkadische Frieden ging in einem bösen Streit zwischen Irma und ihrem Mann unter. Die Hühner gackerten wieder, und die Kinder zankten sich. In den Feldern sah man die Dowayos schuften und einem widerborstigen Boden einen kargen Lebensunterhalt abringen.

Bobs Bild von Afrika, von sich selbst, vom Schwarzen Amerika fand Rettung in einer romantischen Vision. Kein Wunder, dass Bob fortan seine Zuflucht in der Literatur und nicht mehr in der Ethnologie suchte. Was Irma anging, so vergoss sie zwar Tränen bei seiner Abreise; aber sie hatte jetzt jemanden, von dem sie träumen konnte. Möglicherweise war das alles, was sie gewollt hatte. Von Matthieu nahm sie hinfort keine Notiz mehr.

12
Eine ungewöhnliche Raupenplage

Die Vorstellung vom Austausch ist in der Ethnologie ein vielgebrauchtes Konzept. Aus einer bestimmten Sicht lassen sich ganze Kulturen als Systeme betrachten, mit deren Hilfe der Austausch von Frauen, Gütern, Rechten und Pflichten sowie von Mitteilungen geregelt wird. Ein klassisch gewordenes Werk, *Die Gabe* von Marcel Mauss, handelt von der Bedeutung des Schenkens für den gesellschaftsbegründenden Zusammenhalt von Individuen und Gruppen. Von daher gesehen könnte man erwarten, dass die Beschäftigung mit diesen Dingen für den jungen aufstrebenden Ethnologen ein nützliches Forschungsthema und ein geeigneter Weg sein müsste, zu dem Volk, das er untersucht, seine eigenen Beziehungen zu knüpfen. Eine Form des Austauschs, die das Argusauge des Ethnografen auf sich lenkt, ist die Ersatzsprache, die von den Dowayos während der Beschneidung verwendet wird. Die »sprechenden Trommeln« Westafrikas kennt man allgemein aus der ethnografischen Literatur und aus blutrünstigen Abenteuergeschichten. Im Prinzip gleicht diese Trommelsprache so ziemlich der Ersatzsprache, die nach ihrer Beschneidung die Dowayo-Jungen verwenden, während sie im Busch sich selbst überlassen sind. Wo die Trommeln die Lautmuster der Sprache durch Variationen im Klang nachahmen, da benutzen die Dowayos kleine Flöten, um die Sprechmuster nachzubilden. Solche Flöten sind nötig, um mit den Frauen zu kommunizieren, denen die Jungen sehr gefährlich sind. Ähnliche Flöten benutzt man, um bei bestimmten Festen Lieder zu »singen«. Dergleichen lässt sich auch ohne Weiteres für praktische Zwecke nutzbar machen. In den Gebirgsregionen der Kanarischen Inseln können die Leute sich mithilfe einer gepfiffenen Sprache über kilometerweite Entfernungen hinweg verständigen, deren Überwindung zu Fuß Stunden kosten würde. In den Bergen der Dowayos hingegen waren die Einzigen, die das Verfahren je auf diese Weise nutzten, Matthieu und ich, während wir hinter dem schwer fassbaren Regenhäuptling her waren. Wir konnten gleichzeitig zwei verschiedene Höhen besteigen, auf denen er sich angeblich aufhalten sollte, und uns durch den Äther mitteilen, ob wir ihn gefunden hatten oder nicht.

Für mich, der ich mit der Spracherlernung befasst war, hatte dieses Verständigungsverfahren viele Vorzüge, denn es half mir, Nuancen im Ton zu unterscheiden, die in der gesprochenen Sprache für das westliche Ohr fast nicht auseinanderzuhalten waren. Da die Jungen die Ersatzsprache häufig nur als eine Schutzvorrichtung gegen allzu engen Kontakt benutzten, tat ich gut daran, mich um eine Unterweisung zu bemühen, die über das hinausging, was sie selber lernten.

Der junge Mann, der auf der Missionsstation die Wäsche besorgte, erwies sich als versiert in der Kunst, und so zogen wir uns vor den neugierigen Augen der Frauen in den Busch zurück, damit er mich dort in die Geheimnisse des Metiers einweisen konnte. Hier bekam ich meine kleine Flöte, und der Unterricht begann. Es war die einzige förmliche Unterrichtserfahrung, die ich im Land der Dowayos je gemacht habe. Vor der Einführung des Französischunterrichts in den Schulen erwarben die Dowayos ihre Sprachkenntnisse im Rahmen ihrer Sozialkontakte während der Kindheit. Die Vorstellung, dass sich jemand freiwillig daran machte, eine Sprache zu lernen und etwa ein Verb in allen seinen Formen zu studieren, war unbekannt. Die Jungen indes mussten die Verwendungsarten der Flöte in einer einigermaßen konzentrierten Folge von Unterrichtsschritten beigebracht bekommen. Eine geordnete Darbietung des Materials und selbstgebastelte Unterrichtstechniken kamen zur Anwendung. Das Ganze stand in völligem Gegensatz zur Erlernung der gesprochenen Sprache, für die es keinerlei systematische Hilfen gab.

Ich machte rasch Fortschritte. Mein Lehrer war ebenso liebenswert wie sachkundig. Für die Zeit, die ihn der Unterricht kostete, hatte er nie die mindeste Belohnung verlangt. Ein Geschenk war am Platz. In jeder Kultur erfordert das Schenken eine gewisse Feinfühligkeit. Das Geschenk muss passend sein. In unserer Kultur schenkt man Männern keine Blumen. Außerdem muss man jemanden in der richtigen Form beschenken. Schenkt man einem Dowayo öffentlich Tabak, so schenkt man ihm gar nichts, weil die anderen sich sofort wie selbstverständlich bedienen.

Da ich im Grunde immer noch westlich empfand, hatte mir die Tatsache, dass der Mann, der meine Hemden auf der Missionsstation wusch, selber offenbar keines besaß, immer ein gewisses soziales Unbehagen bereitet. Ein Hemd schien mir deshalb ein passendes Geschenk. Ich besaß eines, das bei den Dowayos besondere Bewunderung erregt hatte, eine etwas grelle, leuchtend purpurne Kreation, die ich meinerseits geschenkt bekommen hatte. Das war genau das Richtige. Ich würde es weiterreichen.

Das Schenken kann indes für den, der beschenkt wird, demütigend sein. Das Image des großartigen Wohltäters, das mir durch die Feldforschung aufgedrängt wurde, vertrug sich schlecht mit meinem Selbstverständnis; außerdem konnte ein zu großes Geschenk den Mann in Verlegenheit bringen.

Eine Lösung bot sich an. Ein paar Wochen vorher war ich

mit dem Ärmel an einem Dorn hängen geblieben, und es hatte einen kleinen Riss gegeben. Als das Hemd das nächste Mal von der Wäsche zurückkam, gab ich unter entsetztem Geschrei vor, den Riss jetzt erst zu entdecken. Das Hemd sei hin, erklärte ich. Vielleicht sei er, der Wäscher, daran interessiert. Der Riss sei ja klein. Man werde ihn nicht sehen.

Das Täuschungsmanöver hatte ich schon früher bei meinem Gehilfen angewandt, dessen Garderobe ähnlich unvollständig und der ebenfalls leicht zu kränken war. Dieser hatte damals das angeblich schadhafte Hemd angenommen und es aufgehoben, weil es ihm zum Tragen zu schade war. So hatte er denn keinen Nutzen von meinem Geschenk gehabt. Vielleicht ging die Sache diesmal besser aus.

Der Wäscher zog das Hemd an und glühte offenbar vor Stolz über seine Neuerwerbung. Sein Gesicht überzog ein Lächeln strahlender Freude, das keinen Raum ließ für ethnozentrische Missverständnisse. Er verließ mich in einem Zustand frohen Staunens. Ich spürte die Befriedigung, die das sichere Gefühl verleiht, eine gute Tat vollbracht zu haben. Erst als der nächste Stoß Hemden von der Wäsche zurückkam, zeigte sich aber, was für Wirkungen mein Geschenk hatte. Jedes Hemd war nun ein kleines bisschen schadhaft. An Ärmeln, Kragen, Taschen waren mit Sorgfalt kleine Risse angebracht worden.

Das Entgegennehmen von Geschenken kann zu ähnlichen Problemen führen. Da mein Haushalt nicht groß war, hatte ich es immer geschafft, die nötige Kocherei mit zwei Töpfen zu bewältigen. Diese dienten auch als Kaffee- beziehungsweise Teekessel. Der Besitz eines Teekessels an einem so hinterwäldlerischen Ort hätte mich ohnehin dem Verdacht ausgesetzt, ein Exzentriker erster Güte zu sein. Mit dieser Situation war jedermann vollkommen zufrieden, nur nicht Matthieu. Irgendwo, wahrscheinlich auf der Missionsstation, hatte er gesehen, wie der Tee mit Kanne, Zuckerdose und Tablett serviert wurde – und das zu allem Überfluss auch noch von einem Butler. Da – wie er nur zu gut wusste – seine eigene gesellschaftliche Stellung von der meinen abhing, missbilligte er aufs Schärfste, dass ich den örtlichen Honoratioren, wenn sie zu Besuch kamen, den Tee aus einem offenen Aluminiumtopf eingoß. Dass ich keinen Teekessel besaß, machte ihn krank.

Eines Tages erschien er und hielt ein äußerst verbeultes Exemplar aus Aluminium umklammert. Er hatte es von einem der Schullehrer bekommen, der in den Süden versetzt worden war – wo es dem Vernehmen nach Teekessel im Überfluss gab. Da es dem Lehrer unwürdig erschienen war, diesen alten Kessel mitzunehmen, hatte er ihn Matthieu überlassen.

Matthieu überreichte ihn mir voll Stolz. Ich muss gestehen, dass ich tief gerührt war. Der Deckel passte nicht mehr. Der Kessel selbst war über und über verbeult, als hätte man Fußball mit ihm gespielt. Aber da er Matthieu glücklich machte, bewunderte ich ihn gebührend und bedankte mich beim Spender. Dieser nahm ihn mit und scheuerte ihn mit Sand, bis er wie Silber glänzte. Am Nachmittag desselben Tags hatten wir eine ausgedehnte Sitzung beim Heilkundigen, mit dem wir über verschiedene Krankheiten diskutierten. Wie gewöhnlich brachte es dieser Besuch mit sich, dass wir ein Stück weit ins Gebirge hinaufsteigen mussten und dass viel geredet und geraucht wurde. Als wir am späten Nachmittag nach Hause zurückkamen, waren wir beide erschöpft und durstig.

»Wie wärs«, schlug ich vor, »wenn wir den Teekessel einweihten«. Matthieu sah verdutzt drein, holte aber seinen kostbaren Kessel, und wir kochten darin den Tee. Wie sich herausstellte, war die Schnauze verstopft, aber wir brauchten nicht lange, um den Trick zu lernen, wie man den Tee seitlich ausgießen konnte, ohne dabei viel zu verschütten. Matthieu hatte mir ein Geschenk gemacht. Ich hatte gezeigt, wie sehr ich das zu würdigen wusste.

Unser Verhältnis musste sich dadurch zweifellos bessern und festigen.

Seltsamerweise war Matthieu den ganzen Abend lang extrem schweigsam. Zu vorgerückter Stunde gab er deutliche Zeichen von Übellaunigkeit zu erkennen. Welche Laus ihm auch immer über die Leber gekrochen sein mochte, ich hoffte, dass die schlechte Laune sich über Nacht legen würde.

Zu meiner Überraschung wurde ich in aller Hergottsfrühe geweckt, weil Matthieu an die Tür ballerte. Er machte ein furchtbar finsteres Gesicht. »Bin ich denn kein Christ?«, wollte er wissen. »Bin ich ein Mensch, dessen Wort man nicht trauen kann? Die ganze Nacht habe ich darüber nachgedacht. Wenn ich Sie hätte umbringen wollen, hätte ich das dann nicht schon viele Male tun können?« Ich muss gestehen, dass ich frühmorgens um fünf ein bisschen schwer von Kapee bin. Ich starrte ihn einfach mit offenem Mund an.

Schließlich brachte ich ihn dazu, sich zu setzen, während ich ein bisschen Tee machte. Der Anblick des Teekessels schien seine Rage noch zu vergrößern. Er bebte vor Zorn.

Erst allmählich trat das Ungeheuerliche meiner Missetat zutage. Mein Verbrechen war, dass ich unbedachterweise das Wort »einweihen« für »zum ersten Mal in Gebrauch nehmen« verwendet hatte. Matthieu hatte sich daraufhin eingebildet, ich wollte mit dem Teekessel so etwas wie ein exorzistisches Ritual vornehmen, um allen bösen Zauber, mit dem er unter Umständen den Kessel belegt hatte, unschädlich zu machen. Letztlich hatte ich ihn also beschuldigt, mich umbringen zu wollen.

Und wieder verstrich eine Woche nach der anderen. Meine Arbeit mit dem Heilkundigen machte Fortschritte, aber das war ein schwacher Trost. Was ich wirklich wollte, war das Beschneidungsfest in all seinen blutrünstigen Einzelheiten, ein gefundenes Fressen für jeden Ethnografen.

Da ich niemanden sonst hatte, dem ich auf die Pelle rücken konnte, beschloss ich, meine »Ehefrau« ausfindig zu machen. Nach einigem Suchen fanden wir ihn, wie er verdrossen unter einer Tamarinde hockte. Ein heftiger, kurzer Regenguss ging mit unangenehmer Intensität über uns nieder. Wir drängten uns schutzsuchend unter dem unzureichenden Laubwerk zusammen. Sein prachtvoller Aufzug hatte definitiv gelitten. Die vormals straffen und federleichten Pferdeschwänze waren jetzt durchweicht und verfilzt. Die langen Gewänder waren übersät mit Flecken von Schmutz, Bier, Öl und Schweiß. Mein leopardengemustertes Stück Dekofix hatte sich auf der Vorderseite ganz gut gehalten, aber dem Teil hinten war es schlecht ergangen. Er war überzogen von einer dicken, klebrigen Schicht aus Haaren, Moskitos und roter westafrikanischer Erde. Das leuchtende Kopftuch hing liederlich über ein Auge herunter. Der Junge war sichtlich missgestimmt. Es war unverkennbar, dass er diese Periode, die den Ruf genoss, eine Zeit der Freiheit und des Müßiggangs zu sein, und die sich den alten Männern in der Erinnerung entsprechend verklärte, satthatte. Offenbar hatten die Angehörigen seiner Sippe aufgehört, ihn mit Bier willkommen zu heißen und mit offenen Armen zu empfangen. Mittlerweile hatte er sie so oft in seinem festlichen Aufzug besucht, dass sie begannen, Ausflüchte zu machen oder sich eilends auf die Felder zu verdrücken, um einfach nicht da zu sein, wenn er erschien. Die jungen Mädchen, die ihm lüsterne Blicke hätten schenken sollen, waren unter den Argusaugen ihrer Mütter alle damit beschäftigt, auf den Feldern die Hacke zu schwingen. Junge Liebe war schön und gut, aber die Feldfrucht ging vor. Den Gipfel der Kränkung hatte er an einem der letzten Abende erlebt. Gezwungen, immer weitere Wege zu machen, um immer entferntere Verwandte aufzusuchen, hatte er die Filmvorführung des haarigen Deutschen verpasst.

Selbst Matthieu war gerührt. Im Bemühen um einen angemessenen Trost für den Jungen legten wir zusammen, was wir an Schätzen hatten. Mehr als eine Flasche Bier und ein Superman-Comic auf Französisch förderten wir nicht zutage. Diese Tröstungen drückten wir ihm in die Hand und baten ihn dringend, nicht der Sünde der Verzweiflung anheimzufallen. Wir selber würden versuchen herauszubekommen, was los war.

Es stand nunmehr außer Frage, dass der Zeitplan für die Beschneidung aus den Fugen geraten war. Im Idealfall hätte die Beschneidung bereits vorbei sein müssen, und die Jungen mussten schon abgesondert im Busch leben. Es war von ritueller Bedeutung, dass die starke anfängliche Blutung der Wunden mit den ersten heftigen Regengüssen zusammenfiel. Die Heilung und Austrocknung der Wunden sollte parallel zur allmählich trockeneren Witterung vor sich gehen. Auf diese Weise war gewährleistet, dass die Menschen mit ihrer Welt in Übereinstimmung lebten und beide demselben Rhythmus gehorchten. Diese Parallelität schien nicht mehr einzuhalten.

Da der gemeinsame Zeitplan für Veränderungen im menschlichen und kosmischen Bereich es erforderte, dass die Jungen am ersten Erntetag aus ihrer Abgeschiedenheit im Busch zurückkamen, hätten die übrigen Rituale ungehörig komprimiert werden müssen, um sie alle unterzubringen, und ich wäre vor ihrem Abschluss erneut in Zeitnot wegen meines Visums geraten. In einer Gesellschaft ohne Zentralgewalt gibt es niemanden, der diese Dinge organisiert, keinen, der über die Macht und Autorität verfügt, den Übrigen seinen Willen aufzuzwingen. Angelegenheiten von allgemeinem öffentlichen Interesse bleiben in der Schwebe, bis der Druck der Umstände zum Handeln zwingt oder bis der Augenblick zum Handeln verstrichen ist, sodass einfach gar nichts geschieht. Dass dies so gut funktioniert ist tröstlich und ein Beweis dafür, dass viel von der

Zielgerichtetheit und Betriebsamkeit unserer Welt überflüssig ist.

Eine für die Durchführung der Zeremonien unentbehrliche Person gab es indes, die auf dem Laufenden darüber sein würde, was in den Dörfern draußen getan worden war und was nicht – den Regenhäuptling. Ein weiterer Aufstieg in die Berge war fällig, denn dort war der Regenhäuptling zu Hause.

In Erinnerung an den Besuch bei den brustwarzenlosen Ninga sah ich der neuerlichen Bergwanderung mit gedämpfter Begeisterung entgegen. Die Berge der Dowayos sind eine seltsam ungemütliche Sache. Sie regen nicht so zum Bergsteigen an, wie man das von Europa her kennt. Und dann wäre es auch lächerlich, sie so ernst zu nehmen wie die Alpen. Man steht also vor einem Gebirge, in dem man ohne Weiteres hundert Meter tief abstürzen und sich auf den Granitfelsen unten den Hals brechen kann, dem man aber aus irgendeinem Grund nicht einmal mit richtigen Bergstiefeln kommen darf. Am Fuß sind diese Berge morastig und übersät mit riesigen, gezackten Felsblöcken, die zu überwinden viel Kletterei und Gerutsche erfordert. In der Mitte sind sie voll von bangemachenden Klüften, die ebenso tief wie schmal sind. Über die muss man einfach hinüberspringen und sich dabei innerlich an die Großtaten im Weitsprung klammern, die man zu Schulzeiten vollbracht hat. Oben sind die Berge kahl und frostig.

Der Regenhäuptling bewohnte einen Ort, der anderswo als erstklassige Lage gegolten hätte, ein geschütztes Tal auf einer Berghöhe im Windschatten eines anderen Berggipfels. Das Tal war grün, ganzjährig mit frischem Wasser gesegnet, kühler als die glühend heiße Hochebene rundherum, wohlversehen (wie nur?) mit Zwergvieh und mangels jeder Straße unzugänglich für Regierungsbeamte. Nicht einmal die geländegängigen Motorräder der Polizei schafften es hierher, sodass der Regenhäuptling in ruhiger, patriarchalischer Abgeschiedenheit leben konnte, die nur einmal vor vierzig Jahren durch den Kurzbesuch eines entschlossenen französischen Kolonialoffiziers durchbrochen worden war. Er hatte den Niedergang der fulbischen Sklavenhändler in den Tälern miterlebt, den Durchzug der Deutschen, deren Ersetzung durch die Franzosen, den Übergang in die Unabhängigkeit – oder genauer gesagt, war dies alles fast unbemerkt an ihm vorübergegangen. Unerschütterlich und von granitener Natur wie sein Gebirge, hatte er die vielen Widrigkeiten des Jahrhunderts überstanden und saß noch immer ungestört unter der Regenwolke, die permanent über seinem Dorf hing und sinnigerweise anzeigte, worin seine Spezialität bestand – dass er nämlich der Mann war, der das Wetter kontrollierte.

Die Dowayos, die zutiefst soziale Wesen sind, tun selten etwas allein, wenn sie es im Verein mit anderen tun können. Wie gewöhnlich waren die Vorbereitungen für unseren Ausflug nicht unbemerkt geblieben. Als wir das Dorf verließen, gesellte sich uns ein ziemlich betreten wirkender Mann bei, der wegen einer medizinischen Behandlung ins Dorf des Regenhäuptlings wollte. Jedermann weiß, dass der Regenhäuptling Herr über die männliche Zeugungskraft ist; wenn der Mann also von Behandlung sprach, so kam das vermutlich einem stillschweigenden Eingeständnis seiner Sterilität oder Impotenz gleich. Darüber wurde weidlich gekichert. Während wir die schmalen Pfade entlangzogen, lasen wir noch verschiedene andere Leute auf, die beschlossen hatten, die Gelegenheit unserer Reise zu nutzen, um eigene Geschäfte mit dem Regenhäuptling zu erledigen. Eine seiner dreizehn Frauen mit einem riesigen Bündel auf dem Kopf war ebenfalls mit von der Partie. Am meisten überrascht aber waren wir, dass auch Irma uns begleitete.

Das war nicht die Irma von einst. Es war eine geläuterte und ernsthafte Irma, bei der das Feuer wahrer Leidenschaft die Schlacken der Koketterie aufgezehrt hatte. Zu ihren Füßen stand ein großer Plastiksack mit Hirsemehl, den sie dem Regenhäuptling zur Begleichung irgendeiner alten Schuld ihres Vaters überbringen sollte. Die blauen Plastikschuhe, die sie nur anziehen würde, um nach dem barfuß zurückgelegten Aufstieg ins Gebirge beim Einzug ins Dorf Eindruck zu machen, lagen achtlos daneben. Mit großen Schritten strebte sie voran und sah nicht rechts noch links. Sie drehte sich nicht einmal nach bewundernden Blicken für ihre athletische Kühnheit um, obwohl es an denen wahrhaftig nicht fehlte.

Wenn es eines Beweises für das fortgeschrittene Stadium der Regenzeit überhaupt noch bedurft hätte, so hätte den der hohe Wasserstand der Flüsse liefern können, die die Berge hinunterrauschten. Das waren nicht mehr die freundlichen erfrischenden Rinnsale aus der Trockenzeit, die wie junge Hunde die Füße umspielten. Sie brüllten und schäumten und wirbelten Felsbrocken durcheinander. Ich musste natürlich hineinfallen.

Der sicherste Weg, das Eis zu brechen, ist, ins Wasser zu fallen – wenn ich mir diesen Metaphernsalat einmal erlauben darf. Mit der Stille, die bis dahin geherrscht hatte, war es aus, und der impotente Mann fing an, Geschichten zum Besten zu geben. Eines der Gesprächsthemen handelte, wie auf diesem Pfad nicht anders möglich, von sexuellen Dingen. Es ging um einen Mann und eine Frau, die am Fuß der Berge lebten und berüchtigt dafür waren, dass die Frau männliche Reisende verführte, woraufhin dann der Ehemann die beiden in ihrer verfänglichen Situation ertappte. Entschädigungsforderungen schlossen sich an. Der Ehemann erklärte die erlittene Kränkung für ungeheuer. Dass er ein Hüne war, verlieh seinen Forderungen Nachdruck.

Unsere Ausgelassenheit erhielt einen gewissen Dämpfer, als wir auf den Kadaver einer großen gehörnten Ziege stießen, die an einer Übergangsstelle im Fluss verweste. Zerschmettert und blutig, wie sie dalag, war sie offenbar von einem der Pfade weiter droben heruntergestürzt. Bösen Vorzeichen schenken die Dowayos große Beachtung. Wie es schien, war dies hier ein besonders böses. Was die Dowayos beschäftigte, war nicht das Exempel der Wandelbarkeit irdischer Dinge, das der tiefe Sturz der Ziege bot, und auch nicht der scharfe Gegensatz zwischen der strotzenden Kraft des lebenden Bocks und seiner Hinfälligkeit im Tode. Ihr Interesse galt vielmehr der nur zu offenkundigen Tatsache, dass der Unfall bereits zu lange zurücklag und deshalb das Fleisch schon allzu verwest war, um für sie noch genießbar zu sein – obwohl sie daran gewöhnt sind, Fleisch zu essen, dem man schmeichelte, wenn man ihm Hautgout zubilligte.

Ereignisse wie dieses machen dem Ethnologen ständig zu schaffen. War es möglich, dass hier der Schlüssel zu einer fundamentalen Erkenntnis über eine fremde Kultur beziehungsweise über die Grundstruktur des menschlichen Geistes schlechthin verborgen lag? Wahrscheinlich war das nicht der Fall, aber genau vorhersagen, was später wichtig wird und was nicht, lässt sich nie. Schließlich hat es Ethnologen gegeben, die eine plötzliche Erleuchtung im Badezimmer, beim Krocketspiel oder beim Zerlegen von Tintenfischen hatten. Am sichersten geht man, wenn man alles in einem Notizbuch verzeichnet, wo man es Jahre später wiederfinden kann, wenn die Tinte von Flusswasserspritzern verwischt ist und die Buchstaben verschmiert sind von bräunlichen Daumenabdrücken. Meinungen wie: »Also, das ist etwas, was ein Ethnologe bestimmt erklären kann«, finde ich sehr ärgerlich, weil man meistens eingestehen muss: »Ich habe nicht die Spur einer Ahnung, was das bedeuten könnte.«

Die tote Ziege rief ziemlich viel Unbehagen und Unsicherheit hervor. Zweifel wurden laut, ob es überhaupt tunlich war, ins Gebirge hinaufzusteigen. Erst als Irma und ich, widerwillig unterstützt von Matthieu, unsere Entschlossenheit bekräftigten, den Weg fortzusetzen, willigte die übrige Gesellschaft ein, mit dem Anstieg zu beginnen. Es herrschte nun eine gespannte und gedrückte Atmosphäre, etwa so wie in einer der unheilschwangeren Szenen in Shakespeare-Stücken, wo es Kometen hagelt und wo Erdbeben die Toten aus ihren Gräbern hebeln. Jedes Mal, wenn irgendeiner sich den Zeh stieß, wechselte man Blicke und sah sich ängstlich um. Unter uns hatten sich Geier auf dem Kadaver niedergelassen, zerrten an dem Fleisch herum und beobachteten uns mit den feindselig abschätzenden Augen des geborenen Steuereintreibers. Mir fiel plötzlich ein, dass dieser Fluss die Hauptwasserquelle für das Dorf war und dass wir den Kadaver wenigstens aus der Strömung entfernen sollten. Skepsis gegenüber einem Großprojekt anzumelden, bei dem es um die Wasserversorgung fremder Leute ging, war schön und gut. Aber hier ging es um das Wasser, das *ich* trank. Aber niemand schien von der Idee, den Kadaver anfassen zu müssen, begeistert; so ließen wir ihn denn in dem Wirbel übel riechenden Wassers, von dem er umtost war, liegen.

Matthieu hatte sich mittlerweile schon so viele Male den Fuß gestoßen, dass er fest davon überzeugt war, unsere Reise sei umsonst und wir würden bei der Ankunft den Regenhäuptling nicht antreffen. »Obwohl«, fügte er hinzu, »mein linker Fuß mich manchmal anlügt.«

In der Tat stellte sein Fuß sich als übler Lügenbold heraus, denn der Häuptling war zu Hause. Die unvermeidliche Folge war, dass sich Matthieus Niedergeschlagenheit noch verstärkte. Dass der Fuß getrogen hatte, wurde nun wiederum zu einem Unheil verkündenden Omen.

Wie eine leibhaftige glückselige Schildkröte saß der Regenhäuptling unter dem Vordach seiner Schlafhütte. Hier war sein Lieblingsplatz. Von hier aus konnte er das üppig grünende Tal überblicken, das seine exkusive Domäne war, konnte zusehen, wie seine Frauen auf den Feldern arbeiteten und seine Söhne das Vieh hüteten, konnte seine Blechpfeife rauchen und seine chronisch kalten Füße am Feuer wärmen. Von hier aus genoss er die Annehmlichkeiten seines Reichtums und seiner geachteten Stellung und hatte ein wachsames Auge auf seine mit Leichentuch, dem gängigen Zahlungsmittel, vollgestopften Hütten und auf die jungen Männer, die sich in gefährlicher Nähe zu seinen dreizehn mannbaren Frauen herumdrückten.

Nach einer angemessenen Begrüßung wurden wir getrennt. Der impotente Mann wurde einem Verhör im Flüsterton unterzogen, das ihn zu immer neuen Bekundungen der Scham veranlasste, während der Regenhäuptling ihm beruhigend den Arm tätschelte. Irma wurde zu ihrem unverkennbaren Missvergnügen zu den Frauen geschickt, um sich mit ihnen zu unterhalten.

Mit einer Armbewegung winkte mich der Regenhäuptling herüber zu seinem Patienten. Hatte sich etwa meine Meisterschaft in der Kräuterheilkunde der Dowayos herumgesprochen? Wurde ich zur Beurteilung eines interessanten medizinischen Falls herangezogen? Mitnichten. Es ging um Wechselgeld. Der Mann hatte nur einen großen Geldschein. Der Regenhäuptling war bereit, den als Honorar zu akzeptieren, konnte aber nicht herausgeben. Deshalb sollte ich auslegen, was der Mann zurückbekam, und der Regenhäuptling würde es mir gelegentlich wiedergeben. Wir wussten beide, dass ich von dem Wechselgeld nie mehr etwas sehen würde. Es war einfach ein Weg, wie ich ihn für seine Hilfe bezahlte, ohne mit ordinärer Offenheit zur Kasse gebeten zu werden.

Na gut, aber dann wollte ich auch etwas dafür kriegen. Ich hub an zu einer kleinen Ansprache, die ich mit Matthieus Hilfe für solche Gelegenheiten vorbereitet hatte. Die Rede hätte jedem Werbetexter Ehre gemacht. Während ich darin alle Ansprüche auf besondere Fertigkeiten im Umgang mit pflanzlichen Arzneien von mir wies, rückte ich doch zugleich die umfänglichen Erfahrungen in der Krankheitsbekämpfung, die ich bei anerkannten Kapazitäten der Dowayo-Heilkunde hatte sammeln können, ins rechte Licht. Das Hauptproblem bei den Dowayos besteht darin, dass man erkennen muss, ob eine Krankheit »einfach« eine Krankheit oder vielmehr Ausdruck eines übernatürlichen Unwillens beziehungsweise einer zauberischen Einwirkung ist. Wenn Letzteres der Fall ist, muss die Behandlung ganz anders ausfallen. Ein paar unschuldige Erkundigungen von einem Anfänger wie mir hatten fast immer zur Folge, dass sich unter den Dowayos eine lebhafte Auseinandersetzung über Grundfragen ihrer Kausalitäts-, Moral- und Klassifizierungsvorstellungen entspann. Worin bestand das Problem? Der Penis des Mannes war nicht in Ordnung. War er sicher, dass dies nicht mit seinen Brüdern zusammenhing? Er schüttelte den Kopf. Er hatte mit drei verschiedenen Wahrsagern das *zepto*-Scheiben-Orakel befragt. Alle hatten dasselbe gesagt. Es handelte sich »einfach« um eine Krankheit. Was hatte der Regenhäuptling verschrieben? Noch mehr *zepto,* das der Mann in Wasser kochen und dann trinken sollte.

In neuerer Zeit hat sich die Ethnologie für die Klassifizierung von Pflanzen interessiert und herauszufinden versucht, wieweit andere Kulturen mit Arten und Unterarten operieren, die sich unseren vergleichen lassen, und mittels welcher Kriterien sie zwischen verschiedenen Sorten »derselben« Pflanze unterscheiden. Ich hatte viel Mühe darauf verwandt, Blätter und Früchte bestimmter wichtiger Pflanzen wie der *zepto*-Pflanze zu sammeln, in der Hoffnung, damit eine Diskussion über die Frage entfachen zu können, wie sich die einzelnen Arten voneinander unterscheiden ließen. War das Unterscheidungsmerkmal die Blattform oder die Fruchtbildung? Wie schon einmal, als es um die Regensteine ging, verblüffte mich der Häuptling mit seinem Positivismus. Es seien nicht diese Eigenschaften, dank deren man eine Sorte von der anderen unterscheide. Es sei einfach dies, dass eine Pflanze die eine Krankheit heile und die andere eine andere. Um welche Pflanze es sich jeweils handele, lasse sich erst nach dem Heilerfolg sagen. Er lächelte engelsgleich. Ich dachte an all die Stunden, die ich damit vergeudet hatte, Musterexemplare von Pflanzen zu sammeln und in der Presse zu trocknen, um sie für die Fachleute von Kew Gardens mit zurückzuschleppen.

Der Patient trat den Rückweg hinunter in die Ebene an und hielt in der Hand die paar *zepto*-Schösslinge, die man für ihn geschnitten hatte. Ich saß mit Matthieu im Schmollwinkel, während der Regenhäuptling darauf bestand, uns ein Essen zu machen, das wir gar nicht wollten.

Erst nachdem wir uns mehrere Stunden lang mit gesellschaftlichen Belanglosigkeiten auf den Geist gegangen waren, durften Matthieu, der Regenhäuptling und ich uns schicklicherweise zu einem »Gespräch unter Männern« in den Busch zurückziehen. Selbst hier unterhielten wir uns nur im üblichen Flüsterton, wobei der alte Mann ständig wie ein gehetztes Wild umherspähte.

Es gehe um die Beschneidung. Er nickte. Er wusste, dass ich den weiten Weg von meinem Dorf hierher gekommen war, um die Beschneidung zu sehen, weil ich erfahren hatte, dass die Dowayos soweit waren. Von meinen Frauen und meinen Feldern hätte ich mich trennen müssen, erklärte ich. Ich sei gezwungen gewesen, viel Unbill auf mich zu nehmen und viel Geld auszugeben, um das Fest zu erleben. Er nickte wieder. Was sei passiert? Welche Vorbereitungen seien inzwischen getroffen worden?

Warum seien die jungen noch nicht beschnitten, obwohl schon die starken Regenfälle eingesetzt hätten?

Er schüttelte seufzend den Kopf. Eine schlimme, schlimme Sache! Er, für sein Teil, hatte alles getan, was man füglich von ihm verlangen konnte. Er hatte die Vorzeichen geprüft. Er hatte die vorgeschriebenen Medizinen in einer runden Kalebasse eingeschlossen und versiegelt und diese dann oben auf dem Berg neben den Steinen, die über das Wetter entschieden, in den Fluss geworfen. Nach einer angemessenen Zeitspanne war die Kalebasse dann unten am Fuß des Gebirges unversehrt aus dem Wasser gefischt worden, was ein sicheres Zeichen dafür war, dass das Fest stattfinden konnte. Aber jetzt war alles abgeblasen. Mir blieb der Mund offen stehen. In diesem Jahr war es nicht möglich. Nächstes Jahr auch nicht, denn das war ein weibliches Jahr. Erst in zwei Jahren konnte die Sache über die Bühne gehen. Es war schlimm, schlimm. Die Jungen blieben bis dahin Kinder und hatten einen schlechten Geruch. Es war eine Schmach für das ganze Land.

Aber was sei denn eigentlich geschehen? Er antwortete mit einem Wort, das neu für mich war. Fragend sah ich Matthieu an, der ohne Erfolg nach einem französischen Äquivalent suchte. Mit der ihm eigenen positivistischen Entschlossenheit führte uns der Regenhäuptling auf die Felder und streckte einfach den Finger aus. Die Hirsepflanzen quollen buchstäblich über von fetten, schwarzen Raupen. Die jungen Blätter waren vollständig abgefressen. Man konnte förmlich sehen, wie unter dem Ungezieferfraß die welken Halme weniger wurden. Offenbar waren alle Felder diesseits von Kongle ähnlich befallen. In diesem Jahr war keine nennenswerte Ernte zu erwarten. Wenn die Raupen alle Pflanzen auffraßen und starben, dann konnte man vielleicht ein zweites Mal aussäen. Aber viele hatten keine Saat mehr, und es war wenig Ertrag zu erwarten. Wahrscheinlich würden die Regenfälle im nächsten Jahr nicht lange genug anhalten, um die Ernte reifen zu lassen. Aber was würden die Leute dann machen? Er zuckte mit den Achseln. Manche würden sich von Sippengenossen Getreide leihen. Andere würden ihr Vieh verkaufen oder bei den Händlern Schulden machen müssen. Alles Getreide, das man für das Bierbrauen zurückbehalten hatte, würde nötig sein, um in etwa über die Runden zu kommen. Die Verwandlung von Jungen in Männer mochte ein Wunder sein, aber Wunder funktionierten auf Bierbasis, nicht auf der Grundlage guter Vorsätze. Die Beschneidung musste zurückgestellt werden. Der Skandal, dass feuchte, übel riechende Jungen in der Gegend herumliefen, würde noch ärger werden. Sogar die Ninga würden sich über sie lustig machen.

Was, wenn jemand Hirse importierte? Ich überschlug rasch die Kosten. Viele tausend Pfund waren nötig. Die Sache war aussichtslos. Der Regenhäuptling, der meine Enttäuschung spürte, tätschelte mir den Arm. Es würde sowieso nichts nützen. Niemand würde jetzt noch mit dem Ritual anfangen – die Vorzeichen standen zu schlecht. Die Raupen selbst waren zu einem weiteren bösen Omen geworden.

Dass ich demnach Geld lockergemacht und die weite Reise unternommen hatte, nur um eine Zeremonie zu dokumentieren, die nun offenbar gar nicht stattfand – darüber war ich verständlicherweise aufgebracht, verärgert, ja, regelrecht bestürzt. Ich musste Rechenschaft ablegen, musste für meine Ausgaben eine – wirkliche oder eingebildete – Rechtfertigung liefern. Bald würde der Punkt kommen, wo ich an die ziemlich gestrengen Kuratoren der für die Vergabe von Forschungsstipendien zuständigen Organisation, die meine Untersuchung der Zeremonie finanziert hatte, einen Bericht schreiben musste – einen Bericht darüber, dass die zu untersuchende Zeremonie ausgefallen war. Begeistert würden sie davon schwerlich sein.

Wie auch auf anderen Gebieten akademischen Strebens lassen sich in der ethnologischen Forschung kaum Lorbeeren für Leistungen ernten, die darin bestehen, dass man ein negatives Ergebnis erzielt, Spuren als irreführend entlarvt, eine Fragestellung schlüssig als Sackgasse nachweist oder das Nichtzustandekommen von Festen erlebt. Die ganze Geschichte war entschieden unangenehm. Ich persönlich hatte nicht das Gefühl, dass die Reise unergiebig gewesen war. Ich fand, dass ich bei diesem kurzen Besuch genauso viel gelernt hatte wie bei dem vorangegangenen längeren. Irgendwie hatte die Tatsache, dass ich zurückgekommen war, die Dowayos selbst bewogen, mich ernster zu nehmen, so als hätten sie eine lange Geschichte von Enttäuschungen durch unbeständige Feldforscher hinter sich. Wie immer sie selber die Sache ansahen, sie waren jedenfalls viel offener und zutraulicher gewesen als beim ersten Mal.

Überall im Land der Dowayos machte sich als Hauptreaktion auf die Nachricht tiefe Bestürzung breit. Rot vor Scham, fanden sich die Jugendlichen in ihrem prächtigen Aufzug im Stich gelassen wie Bräute vor dem Altar, die der Bräutigam versetzt hat. Nachdem sie sich in aller Stille ihrer verräterischen Leopardenfelle oder Dekofix-Bespannungen entledigt hatten und die Fußglöckchen in der Tasche hatten verschwinden lassen, stahlen sich die Größeren auf die Felder zurück und nahmen wieder die Hacke zur Hand, als hätten sie nie im Leben Tanzkostüme angehabt. Die Kleineren tauchten mit schamrotem Gesicht wieder in der Schule auf, nur um dort von ihren Klassenkameraden aus anderen Stämmen mit Spott überhäuft zu werden. Wo immer Männer zusammenkamen, wurde dieses Thema ignoriert. Für die Frauen war es eine neue Waffe im Geschlechterkampf, etwas, womit man verachtungsvoll demonstrieren konnte, wie unnütz die Männer waren. Für die Männer war es ein neuer Anlass, ihre Frauen zu verdreschen. Meine »Ehefrau« machte riesige Bogen um das Dorf, um der Begegnung mit mir auszuweichen. Beim versehentlichen Aufeinandertreffen schlug man die Augen nieder und murmelte einen Gruß. Da die Zeremonie nicht vollzogen worden war, hingen wir auf gespenstische Art in der Luft und wussten nicht, wie wir uns verhalten sollten. Sollten wir auf scherzhaftem Fuß miteinander verkehren, uns respektvoll begegnen, den früheren Zustand der Unbekanntschaft wiederherstellen? Niemand verfügte über genügend Autorität, um für alle eine Entscheidung zu treffen, so wie es vorher niemanden gegeben hatte, der die Zeremonie hätte organisieren können.

Eine Woge von bösen Vorzeichen überschwemmte das Land. Plötzlich schien überall ein heilloses Durcheinander zu herrschen, und jeder Vorfall war ein Hinweis auf schlimme Zeiten, die bevorstanden. Es war ähnlich wie bei uns, wenn ein besonders hässlicher Mord zur Folge hat, dass sich offenbar die Aufmerksamkeit auf weitere Fälle dieser Art konzentriert. Plötzlich sind die Zeitungen voll davon. Man gewinnt den Eindruck, dass die ganze Zivilisation kurz vor dem Zusammenbruch steht.

Im Land der Dowayos stürzten Rinder in Brunnenlöcher – ein Omen. Eine von Zuuldibos Frauen wurde beim Öffnen ihres Kornspeichers von einer großen Buschratte in die Brust gebissen – ein Omen. Auf den Granitpfaden traf man Schwärme roter Insekten an – ein Omen. Es rasten zwar keine shakespeareschen Kometen über das Firmament, aber es gab einen kleinen Wirbelsturm.

Während sich erwartungsvolle Stille über das Land der Dowayos senkte, wurde es für mich Zeit heimzureisen. Ob ihnen auch das als böses Vorzeichen erscheinen würde?

13
Jedes Ende ist auch ein Anfang

Das Land der Dowayos wieder zu verlassen, ist ein genauso langwieriges Unterfangen, wie es zu betreten. Diesmal war ich Gott sei Dank ein einfacher Tourist, kein wissbegieriger Forscher – jedenfalls soweit es meine Ausweispapiere betraf. Nichtsdestoweniger musste von einer Reihe von Leuten umständlich Abschied genommen werden, mussten in wohlüberlegter Dosierung Gaben ausgestreut werden, mussten Danksagungen ausgesprochen werden. Buschgewohnheiten mussten abgelegt, städtische wieder angenommen werden. Als der einzige Englischsprechende im Umkreis von vielen Kilometern war ich ganz zwangsläufig in die Gewohnheit verfallen, Selbstgespräche zu führen. Mit sich selber zu sprechen oder, wie ich es zu nennen beschlossen hatte, »laut zu denken«, weckt bei den Dowayos nicht jenen Verdacht auf stumpfsinnige Verblödung, den es in unserer Kultur hervorruft. Es ist genauso normal wie die Angewohnheit, vor sich hin zu singen, was die Dowayos ständig tun. Die Neigung zum Selbstgespräch wieder loszuwerden ist schwer. Sie kann, zumal bei jemandem, der sich selber und ohne Zuhilfenahme eines Spiegels sein Haar geschnitten hat und grüne, übel riechende Zähne aufweist, anfänglich ausgesprochen irritierend wirken.

Meine Rückkehr ins städtischen Leben fiel ungelegenerweise

mit einem Malariaanfall zusammen, an dem nach meiner festen Überzeugung die vielen Moskitostiche schuld waren, die ich mir zugezogen hatte, als der Deutsche seinen Anti-Malaria-Film vorführte. Glücklicherweise war ich rechtzeitig wieder auf den Beinen für meinen letzten öffentlichen Auftritt im Land der Dowayos aus Anlass einer Zeremonie, die der Beschneidung des Bogens eines Verstorbenen galt.

Die Ethnologie ist ein Gebiet, das viele Interessierte aus anderen Disziplinen anlockt und dessen Grenzen außerordentlich weit gesteckt sind. Deshalb kann ein Ethnologe lernen, was er will, er vertut niemals seine Zeit, handele es sich auch um ein noch so praktisches Gewerbe oder um eine noch so abstruse Fertigkeit. Als Kind ließ man mich zusammen mit meinen Klassenkameraden am ersten Schultag eines der Kinderprogramme der BBC hören. Damals fand man es wichtig und hielt es für gesund, dass Kinder tanzten. Die jungen Geschöpfe sollten dazu ermuntert werden, sich in Körperbewegungen auszudrücken. Geist und Körper sollten sich zum Rhythmus reiner Melodien in vollkommener Harmonie bewegen. An dem besagten Tag bestand unsere Aufgabe darin, Bäume darzustellen. »Wiegt eure Zweige, Kinder«, wurden wir aufgefordert. »Zeigt, wie der Wind in den Blättern rauscht«, flötete die Stimme. Folgsam wedelten wir mit den Armen über dem Kopf und machten Zischgeräusche.

Nie hätte ich gedacht, als ich mich der vergleichenden Kulturanthropologie verschrieb, dass mir diese Erfahrung einmal von Nutzen sein würde – aber genau so war es.

Die Zeremonie der Bogen-Beschneidung ist nur eines in einer Reihe von komplizierten Ritualen, durch die ein männlicher Verstorbener sich aus einem toten Individuum in einen Vorfahren verwandelt, der für die Wiedergeburt zur Verfügung steht. Seine intimsten und deshalb gefährlichsten persönlichen Besitztümer müssen beiseitegeschafft werden. Sein Messer, seine

Schlafmatte und sein Penisfutteral müssen im Busch vergraben werden. Ein Spaßmacher muss seinen Bogen beschneiden und hinter dem Haus, in dem die Schädel der männlichen Toten aufbewahrt werden, aufhängen. Nur seine »Brüder der Beschneidung«, diejenigen also, die zusammen mit dem Verstorbenen beschnitten wurden, dürfen bei dieser Operation zugegen sein. Während der ganzen Aktion herrscht jene spaßige und aufgeräumte Stimmung, die für alle Ereignisse, an denen ausschließlich Männer beteiligt sind, typisch ist. Die Frauen müssen sich in ihren Hütten einschließen, sobald die besonderen Flöten für diese Zeremonie zu vernehmen sind.

Bei dem Ritual rennen die Männer nackt herum und tragen nichts als ihr Penisfutteral. Den Abschluss bildet eine kleine Spielszene, bei der alle Männer zuschauen dürfen. Die Szene handelt von dem Vorfall, dem die Beschneidungssitte ihre Entstehung verdankt: dem Totprügeln einer alten Fulbefrau. Deren Rolle, die Rolle einer gebrechlichen, extrem mürrischen und überaus furchtsamen Alten, wird von einem der Männer gespielt. In Nachahmung der von älteren Damen bevorzugten voluminösen Gewänder hüllt dieser sich in reichlich Laubwerk und ist ständig und mit großem Trara bemüht, sich in einer Weise zu bücken, dass sein Geschlecht sichtbar wird. Alle Anwesenden finden das unsagbar komisch und reagieren darauf mit Lachstürmen. Auf dem Höhepunkt der Geschichte wird die Alte von Männern, die sich mit Stöcken hingekauert haben, aus dem Hinterhalt überfallen. Sie watschelt mehrfach angstvoll zwischen ihnen hin und her und zieht einen langen Schweif aus Blättern nach. Schließlich springen die Männer auf und hacken mit ihren Stöcken den Blätterschwanz ab. All das muss unter einem bestimmten Baum vor sich gehen, der »Fulbedorn« heißt.

Manchmal ist kein passender Fulbedornbaum da, und dann muss dessen Rolle von einem menschlichen Akteur übernommen werden. Dieser Part wurde mir zugewiesen. Die Dowayos ahnten nicht, dass ich in Sachen Baumdarstellung über uralte Erfahrungsquellen verfügte, aus denen ich schöpfen konnte. Mein Wedeln mit den Armen fand großen Anklang. Über meine Darbietung des rauschenden Laubwerks waren die Ansichten schon geteilter. Aber in der allgemeinen fröhlichen Stimmung, in der das Ritual ablief, akzeptierte man meine Interpretation als hübsche Neuerung. Da der Baum-Darsteller nur ein Penisfutteral anhaben darf und bestimmte Zweige des unangenehm dornigen Fulbebaums tragen muss, um hinlänglich naturgetreu zu wirken, ist die Rolle möglicherweise nicht sehr populär.

Danach saßen die Männer alle herum, rauchten und tranken warmes Bier. Es gab etliche Diskussionen darüber, wer die Frauen, die der Verstorbene hinterlassen hatte, anspucken sollte, um ihre Freigabe für eine Wiederverheiratung zu bewirken. Matthieu und ich waren mit Packen beschäftigt. Ein Zauberer schaute herein und brachte eine Handvoll aromatischer Blätter. Ich hätte Berührung mit dem Tod gehabt und dürfe nicht vergessen, mir mit diesen Blättern die Hände zu waschen. Ich sollte mich auch am Anspucken der Witwen beteiligen, um zu zeigen, dass ich gegen den Verstorbenen, dem die Zeremonie gegolten hatte, keinen Groll hegte. Das alles kam mir bereits stinknormal vor. Anschließend legten wir unsere Penisfutterale ab, ganz ebenso wie Fakultätsmitglieder nach dem Festakt ihre Roben ablegen und sich entspannen. Abends würde man trinken und getanzte Geschichten erzählen. Matthieu und ich machten uns auf den Weg zur Missionsstation, die zugleich Zwischenstation auf dem Rückweg in eine völlig andere Normalität war. Niemand schien sich für meine Abreise sonderlich zu interessieren. Es gab keine Tränen und keine großen Abschiedsszenen. Zuuldibo versuchte, das ungelöste Schirmproblem noch einmal zur Sprache zu bringen; für das neue Dach meiner Hütte hatte ich noch ein bisschen Geld übrig. Wann ich wiederkäme? Das wisse Gott allein.

Es ist eine nützliche Faustregel für den Ethnologen, dass er, wenn die fremde Kultur, die er studiert, anfängt, ihm normal vorzukommen, gut daran tut, sich auf den Heimweg zu machen.

Es passte vielleicht ganz gut zu der Zwischenstellung, die ich nun einnahm, dass ich zum Schluss noch in der dortigen Schule Vertretungsstunden in Englisch geben musste, während der betreffende Lehrer sich von einem jener unbestimmten Fieberanfälle erholte, von denen in der Gegend jeder gelegentlich befallen wird. Bei uns im Westen fühlt man sich von Zeit zu Zeit elend und wird von Fieber, Kopfschmerzen und einem allgemeinen Bewusstsein der Vergänglichkeit geplagt. Wir sprechen dann von »Grippe«, nehmen zwei Aspirin, gehen ins Bett und rechnen damit, in zwei Tagen wieder auf den Beinen zu sein. In Westafrika reagiert man auf die gleichen Symptome mit der Diagnose »ein bisschen Malaria«. Behandlung und Prognose sind ungefähr wie bei uns, und man kümmert sich auch nicht weiter um Ursachen und Folgen.

Wie in etlichen anderen Bildungseinrichtungen üblich, hatten auch hier viele Schüler eine falsche Identität angenommen. Bestimmungen, wie oft ein Schüler Prüfungen wiederholen darf, werden dadurch umgangen, dass der beziehungsweise die Betreffende sich als sein jüngerer Bruder beziehungsweise seine jüngere Schwester ausgibt. Einige der angeblich Sechzehnjährigen in der Klasse waren grauhaarig. Eine irritierend große Anzahl führte die gleichen Namen. Das Problem wurde durch Zwillingspaare noch verschärft. Beim Nachschlagen des Worts für »Zwillinge« in einem französisch-englischen Wörterbuch hatten sie herausgefunden, dass sie »Paare« waren und bezeichneten sich selbst mit diesem Begriff. »Das hier ist meine Schwester Naomi, *patron.* Wir sind ein Paar.«

Ich brachte ihnen die Anfänge der englischen Sprache mithilfe eines Buchs bei, das sich weitschweifig über Dinge wie das Pferderennen in Ascot, das Guy-Fawkes-Feuer und den ewig unbegreiflichen Yorkshire-Pudding ausließ. Den Letzteren brachte es den Schülern dadurch näher, dass es ihn als »Warm-Kalt-Pudding« präsentierte. In einer grandios mittelalterlichen Verquickung von Mikro- und Makrokosmos verkündete einer der Schüler: »Das Blut durchkreist den Körper täglich vierundzwanzig Mal.« Ein anderer wiederum schrieb einen Aufsatz, der die verblüffende Mitteilung enthielt: »Vom Stehen in der Sonne bekommt man Kopfschmerzen, weil man zu viel Sauerstoff produziert.«

Matthieu kam auf den Gedanken, ebenfalls Englisch zu lernen. Selbst bei jemandem, der mehrere Jahre Lehrerfahrung an der Universität hinter sich hat, versiegt die pädagogische Ader nur schwer. Ich erstand also einen leicht veralteten Sprachführer und schenkte ihn Matthieu, der sonst nichts zu tun hatte. Von da an pflegte dieser, wenn er mich sah, sein Gesicht in Falten äußerster Konzentration zu legen und mich »auf Englisch« mit den Worten zu begrüßen: *»Bonjour, patron.* Sind Sie froh gelaunt?«

Nach einigen Tagen kam der Lehrer wieder, zur großen Erleichterung seiner Schüler, wie ich vermuten möchte. Ich konnte abreisen und machte mich schweren Herzens auf den Weg nach Duala.

Die Stadt war in der Zwischenzeit nicht ansehnlicher geworden. Im Kampf zwischen Trägheit und Initiative trug die Erstere den Sieg davon, und ich begab mich zu demselben Hotel, in dem ich beim vorigen Besuch abgestiegen war, halb in der Erwartung, Humphrey dort wiederzutreffen.

Der forsche Empfangschef hatte in der Zwischenzeit Karriere gemacht. Sein glattes, feistes Gesicht glänzte vor Selbstzufriedenheit. Eingeschüchtert, wie ich war, stellte ich zu meiner

Erleichterung fest, dass er mich nicht als Humphreys Kampfgenossen wiedererkannte. Er schien mittlerweile das Hotel vollständig unter seine Herrschaft gebracht zu haben. Der Manager des Hotels, ein unscheinbarer Franzose, verkroch sich in seinem Büro, während der Empfangschef im Foyer auf und ab stolzierte. Strategisch wichtige Positionen in der Belegschaft hatte er nach und nach mit Verwandten besetzt. Keiner von denen sprach ein international geläufiges Idiom, weshalb die Gäste sich ihnen nicht verständlich machen konnten. Allein der Empfangschef konnte ihnen Aufträge erteilen. Diese Regelung umfasste auch die Kellner in der Bar. Wenn also die amerikanischen Touristen lange komplizierte Bestellungen aufgaben, wozu auch die abstrusesten Cocktails gehörten, die aus den ausgefallensten Likören bestanden, pflegten die Kellner sich mit feinem Lächeln zu verbeugen und nach geraumer Zeit mit einer willkürlichen Auswahl von Orangensäften und Bieren wiederzukommen, die sie, taub gegen alle Beschwerden, auf den Tisch stellten. Dank irgendeiner hausinternen Vorschrift gab es immer nur ein Getränk pro Gast. Die neue Ordnung war nicht unbemerkt geblieben. Eine Gruppe gelangweilter und vom Überdruss geplagter Franzosen machte sich einen Zeitvertreib daraus, Wetten abzuschließen, wie die zahlenmäßige Verteilung von Orangensäften und Bieren nach der nächsten Bestellung ausfallen würde.

Von Humphrey keine Spur. Abends zog ich kreuz und quer durch die Stadt und suchte vergeblich das vietnamesische Restaurant. In einer Bar, die im Neonlicht strahlte, saß ein Tourist einem Mann gegenüber, in dem ich trotz seiner verspiegelten Sonnenbrille Früchtchen wiedererkannte. Der Tourist erzählte mit heiserer Stimme ein Abenteuer aus seinem Hotel. »Morgens um ein Uhr klopft es also an der Tür. Ich krieg einen Heidenschreck. Dann hör ich eine Stimme: ›He, ham Sie da drin 'ne Frau?‹ Ich ruf zurück, dass ich keine dahabe. Dann kracht es, die Tür fliegt auf und jemand schmeißt 'ne Frau rein.« Er wälzte sich vor Lachen. Früchtchen blieb ungerührt. Er fand die Geschichte nicht komisch. Der Mann versuchte es ihm zu erklären. »Verstehen Sie denn nicht? Als gefragt wurde, ob ich ein Weib dahätte, dachte ich…« Früchtchens Miene erhellte sich. »Weiber? Sie wollen Weiber?«

»Nein. Ich wollte nur diese Geschichte …«

»Ich bringe Sie zu Klasseweibern.«

Ich überließ sie sich selbst und marschierte zum Hotel zurück.

Die Fahrt zum Flughafen am nächsten Tag dauerte Stunden. Der Präsident stattete der Stadt irgendeine Art offiziellen Besuch ab, und das hatte die Abriegelung ganzer Stadtteile zur Folge. Viele Straßen waren gesperrt. Ich kauerte unbehaglich auf dem Rücksitz des Taxis, hatte wie ein Tölpel vom Land einen großen Dowayo-Wasserkrug vor mir auf den Knien und wartete auf den unvermeidlichen Versuch des Fahrers, weitere Passagiere ins Taxi zu laden. Der Fahrer machte sagenhafte Umwege, um die Straßensperren zu umfahren. Manchmal schien er dabei regelrecht seinen Weg durch die Gärten anderer Leute zu nehmen. An einer Kreuzung mussten wir anhalten. Der Polizist war unerbittlich: »Stopp! Wir warten auf *Monsieur le président.*« Über die Volksmenge senkte sich erwartungsvolles Schweigen. Die Soldaten und Polizisten hatten die Hand am Pistolenhalfter. Ich beugte mich aus dem Fenster. Eine Sekunde lang regte sich nichts. Dann kam unendlich langsam ein verblüfft aussehender alter Mann auf einem rostigen Fahrrad um die Ecke. Eingeschüchtert durch die Blicke so vieler Leute, durch so viele starrende Gesichter, beugte er sich über die Lenkstange und trat wie wild in die Pedale. Mehrere riesige Polizisten stürzten sich auf ihn und zerrten ihn unter dem Jubel der Menge weg. Der Wachtmeister vor mir sah, wie ich grinste. »Hören Sie auf zu lachen!«, kreischte er. »Sie mokieren sich über den Präsidenten.« Der Fahrer warf mir einen ängstlichen Blick zu, gab Gas und brauste los. Offenbar war das ein Reflex, den jahrelange Berührungen mit dem Arm des Gesetzes ihm eingeimpft hatten. Er setzte mich ohne weitere Zwischenfälle am Flughafen ab und steckte frohgemut mein von Dankbarkeit diktiertes Trinkgeld ein. Mit den Händen ängstlich meinen Krug umklammernd, trieb ich mich in einer dunklen Ecke herum, wartete darauf, dass der Abfertigungsschalter aufmachte, und hoffte, unbemerkt zu bleiben. Aber ich befand mich schließlich in Duala, und meine Chancen, nicht aufzufallen, waren genauso groß wie die eines Nichtschwimmers im Haifischbecken. Ein kleiner, pfiffig wirkender Mann nahm Kurs auf mich und musterte mich mit einem abschätzenden Blick, wobei seinen scharfen Augen garantiert weder der Schweiß auf meiner Stirn noch die Krampfhaftigkeit entging, mit der ich den Krug umklammerte. »Flug nach Paris?«, fragte er. Ich nickte. Er zog scharf die Luft ein, ungefähr so wie Automechaniker, wenn sie sich einen Unfallwagen besehen. Für den Flug, wusste er zu berichten, lägen reichlich Buchungen vor. Tatsächlich seien alle Plätze mehrfach verkauft worden. Glücklicherweise arbeite aber ein Freund von ihm am Abfertigungsschalter. Für 10 000 Francs könne er mir einen Platz in dem Flugzeug verschaffen … Wutentbrannt sagte ich ihm, er solle sich zum Teufel scheren. Glaubte er, ich sei zum ersten Mal hier? Die Sorte Tricks kannte ich. Er zuckte mit den Achseln und zog ab. Später sah ich, wie ihm ein besorgt aussehender Deutscher Geldscheine zusteckte.

In dem Maße, wie mehr und mehr Passagiere eintrafen und immer weitere ihren Obolus entrichteten, schwand meine Zuversicht. Ich überschlug, was mich eine weitere Nacht in Duala kosten würde. Vielleicht wurde ich just in diesem Augenblick von den gesammelten Polizeikräften Dualas wegen Verunglimpfung des Präsidenten gesucht. Mich zu entdecken war nicht schwer.

Ein Weißer mit grünen Zähnen und einem Wasserkrug. Vielleicht sollte ich besser zusehen, dass ich den Krug loswurde und den Mund geschlossen hielt. Paranoia bemächtigte sich meiner. Nach einer weiteren halben Stunde war ich reif für das Geschäft. Ich sah mich nach dem Schwarzhändler um. Es begann ein hartes Feilschen. Ich erklärte, nur 2000 Francs zu haben. Ich bot ihm den Wasserkrug an. Schließlich einigten wir uns, und er schlich hinüber zu dem Mann am Abfertigungsschalter. Dann gab es einiges Flüstern und Kopfschütteln. Hände begegneten sich kurz unter dem Tisch. Mein Flugticket wurde abgestempelt.

Ich hatte es geschafft! Ich betrachtete all die anderen, die vor dem Abfertigungsschalter Schlange standen und keinen Schimmer einer Ahnung davon hatten, dass sie das Flugzeug niemals von innen sehen würden. Ich bedauerte sie, während ich meinen Krug durch die Passkontrolle schleppte.

Das Flugzeug war schlicht und einfach leer. Die anderen am Abfertigungsschalter hatten für einen Charterflug gebucht. Wir sechs oder sieben, die wir uns das Flugzeug teilten, wirkten darin wie verloren. Sogar für den Wasserkrug, der wie ein Alb auf mir lastete, war ein Platz frei. Es war einigermaßen tröstlich zu erfahren, dass ich nicht der Einzige war, den man reingelegt hatte. Zwei meiner Mitreisenden gestanden ein, dass sie mindestens genauso leichtgläubig gewesen waren wie ich.

Echten Trost brachte die Tatsache, dass sich einer der Mitreisenden sogar als noch einfältiger erwies. Er hatte in einer Bar einen Anhänger à la Früchtchen erstanden und sich versichern lassen, das Schmuckstück sei »8000 Jahre alt«. Der raffinierte Verkäufer hatte dem Touristen weisgemacht, das Stück sei derart selten, derart kostbar, als Bestandteil des kamerunischen Kulturerbes derart wichtig, dass es auf legalem Weg nicht ins Ausland zu bringen sei. Glücklicherweise hatte der Verkäufer aber einen Freund beim Flughafenzoll. Wenn der Tourist noch etwas draufzahle, lasse es sich arrangieren, dass er den Anhänger unbehelligt ins Flugzeug mitnehmen könne …

Der langweilige Flug in der vollklimatisierten Kabine schien eine gute Gelegenheit, den Bericht an die Forschungsstipendien-Kommission zu entwerfen. Ich wühlte in meiner Tasche nach dem entsprechenden Vordruck und fand diesen versteckt unter meiner Krankenversicherungspolice, laut deren mir untersagt war, während meines Aufenthalts bei den Dowayos dem Drachenfliegen zu frönen oder mit motorgetriebenen Holzbearbeitungsmaschinen zu hantieren.

So ein Bericht ist eine gefährliche Sache. Kaum dass man ihn geschrieben hat, *wird* er die Feldforschung und kehrt ein Eigenleben hervor. Man selbst ist nicht mehr imstande, sich das, was man getan hat, noch in einer anderen Form zu vergegenwärtigen. Was man erlebt hat, steht unverrückbar fest. Möglicherweise war es das Beste, die Beschneidung, die nicht stattgefunden hatte, einfach nicht zu erwähnen. Warum sollte das irgendjemandem auffallen? Wie, wenn ich mich einfach über die Dinge verbreitete, die ich tatsächlich *getan* hatte? Ein hübsches Resümee meiner Zusammenarbeit mit Vertretern der Heilkunde der Dowayos würde den Eindruck vermitteln, dass eben darin der erklärte Zweck meines Aufenthalts bestanden hatte. Forschungsgremien gehen normalerweise davon aus, dass die Dinge sich in geradliniger Entsprechung zu dem Programm entwickeln, das der Forschende entwirft. Der Ethnograf ist allwissend und durchgängig kompetent, eine gut geölte Untersuchungsmaschine. Jeder Ethnologe weiß indes, dass Forschungsprojekte Fiktionen sind. Sie lassen sich fast alle auf das einfache Ansinnen reduzieren: »Ich denke, das und das könnte interessant sein. Kriege ich das Geld, um hinzufahren und nachzuschauen?«

Die Tatsache, dass so viele sich immer wieder aufmachen, um die ungemütlichsten und manchmal auch gefährlichsten Gegenden zu besuchen, legt beredtes Zeugnis nicht nur von der Kürze des menschlichen Gedächtnisses ab, sondern auch davon, wie wenig der gesunde Menschenverstand gegen die schiere Neugierde vermag.

Ich legte den Vordruck beiseite und beschloss, auf eine Inspiration zu warten.

Am Ende einer Reise stellt sich stets ein Gefühl der Trauer ein, die der verronnenen Zeit und den abgebrochenen Beziehungen gilt. Gleichzeitig empfindet man ein fundamentales Gefühl der Erleichterung darüber, dass man einigermaßen unversehrt in eine Welt zurückkehren kann, in der Sicherheit und Vorhersehbarkeit herrschen und in der ein Schock schwarzer, haariger Raupen nicht gleich das kosmische Programm über den Haufen wirft. Schließlich sieht man sich danach auch mit neuen Augen – und das erlaubt vielleicht den Schluss, dass die Ethnologie in letzter Instanz ein selbstsüchtiges Unternehmen ist.

Aufgrund alter kolonialer Bindungen führen die meisten Flüge aus Kamerun über Paris. Beim Wechsel des Flugzeugs machte ich dort für ein paar Stunden Zwischenstation und war froh, meinen Wasserkrug einem Schließfach übergeben zu können.

Um den ganzen Unterschied zu den Dampfbad-Lustbarkeiten Dualas auszukosten, setzte ich mich in ein extrem schickes Straßencafé an der Pariser Oper und vertrieb mir die Zeit mit der Beobachtung der Passanten. Ein extrem abgerissener Stadtstreicher erschien auf der Bildfläche und besah sich mit abschätzendem Blick das Publikum, ziemlich genau so, wie der Schwarzhändler auf dem Flughafen in Duala die Reisenden taxiert hatte. Die Ähnlichkeit wurde in der Tat dadurch noch größer, dass dieser Mann ebenfalls schwarzer Hautfarbe war. Er wandte sich nun an die versammelten Gäste, klopfte zum Zeichen verschwörerischer Komplizenschaft nach Art der Franzosen mit dem Finger bedeutungsvoll an die Nase und zog aus den Tiefen seines Mantels eine große Plastikratte. Sooft eine junge Dame von besonders kühler Eleganz vorüberkam, und die gab es in dieser Gegend scharenweise, ließ er die Ratte, die er am Schwanz hielt, durch die Luft sausen, dass es aussah, als wäre sie lebendig und spränge den Busen des Opfers an. Das Ergebnis war durchaus zufriedenstellend: Die einen kreischten, die anderen ergriffen die Flucht, wieder andere schlugen ihm ihre Handtasche um die Ohren.

Nach ungefähr einem Dutzend Angriffe dieser Art ging er mit dem Hut zwischen den Tischen herum und brachte einen ganz ordentlichen Geldbetrag zusammen. Dem Etikett zufolge stammte der Hut aus Kamerun. Für einen Dowayo hätte all das die Bedeutung eines machtvollen Omens gehabt. Zumindest hatte es den Effekt, mich an meine Pflicht zu erinnern. Ich zog das Berichtsformular heraus, das ich der Forschungskommission schicken musste, holte tief Atem und begann: »Wegen des Auftretens einer außergewöhnlichen Raupenplage …«

Alai *Ferne Quellen*

Der scheue Junge verbringt seine Zeit am liebsten mit dem Pferdehirten, der ihm von den fernen, heißen Quellen, in denen Männer und Frauen in heiterer Eintracht baden. Nichts wünscht sich das Kind seither sehnlicher, als zu diesen Heilquellen zu gelangen und der Enge seines Dorfes zu entfliehen. Als er sie viele Jahre später tatsächlich kennenlernt, erlebt er eine bittere Enttäuschung. Eine verfehlte Entwicklungspolitik hat eine Investitionsruine hinterlassen. Ein Traum ist gestorben.

Nathacha Appanah *Der letzte Bruder*

Der zehnjährige Raj lebt in einem ärmlichen Dorf am Rand der Zuckerrohrplantagen von Mauritius, allein der Gewalt seines Vaters ausgeliefert, nachdem seine beiden Brüder bei einem Unglück ums Leben kommen. Als er den gleichaltrigen David kennenlernt, scheint es, als habe er endlich wieder einen Freund und Bruder gefunden. Doch David und seine Familie sind jüdische Flüchtlinge, eingesperrt in einem Gefängnis. Die beiden Freunde beschließen wegzulaufen. Eine Odyssee beginnt …

Maryse Condé *Segu*

Es sind Zeiten des Umbruchs in Segu, der mächtigen Hauptstadt des malischen Reiches: Der Islam dringt in Afrika immer weiter vor, christliche Missionare und europäische Kolonisatoren kommen ins Land, der Sklavenhandel blüht. Maryse Condé hat die faszinierende Geschichte einer versunkenen Welt geschrieben; sie erzählt von Kriegern und religiösen Eiferern, von Händlern und Bauern, von Eroberern und Sklaven und von einer Familie, die mit allen Mitteln versucht, ihre gesellschaftliche Position zu wahren.

Patricia Grace *Potiki*

Der alte Maori-Holzschnitzer konnte sein größtes Lebenswerk nicht vollenden. Und Toko, das Kind mit den hellseherischen Kräften, empfängt eines Tages bedrohliche Visionen. So kommt Unruhe in den magischen Kreislauf von Mensch und Natur, Tag und Nacht, Leben und Tod in der Maori-Siedlung an der Küste Neuseelands. Der »Dollarmann« taucht auf – und mit ihm die Verheißungen des Fortschritts. Die Dorfgemeinschaft versucht, den Bulldozern und der Verlockung des großen Geldes zu widerstehen.

Kamala Markandaya *Nektar in einem Sieb*

Am Ende ihrer Tage hält eine indische Bauernfrau Rückschau auf ihr Leben. Drei Schwestern wurden vor ihr verheiratet, und als die Reihe an sie kam, war als Mitgift nicht einmal mehr ein diamantener Nasenschmuck übrig. Aber auch der Pachtbauer Nathan, an den die Eltern sie verheirateten, hat nichts zu geben als Liebe und Sorge. In seiner Lehmhütte, bei der Arbeit auf den kleinen Reisfeldern scheint eine glückliche Zeit zu beginnen. Doch dann verändert sich das Dorf: Eine Stadt wächst heran, eine Bestie, die die Schwächsten verschlingt.

Mo Yan *Das rote Kornfeld*

Die endlosen Felder sind der Reichtum des chinesischen Dorfes Gaomi. In mächtigen roten Wellen erstrecken sie sich bis zum Horizont. Rot sind auch die Vorhänge der Sänfte, in der die schöne Dai Fenglian zu ihrem zukünftigen Ehemann Shan getragen wird – während der Sänftenträger in Liebe zu ihr entbrennt. Mo Yan beschreibt atmosphärisch dicht eine Familie am Übergang vom traditionellen zum modernen China.

Bücher fürs Handgepäck
Korea (UT 576)
New York (UT 575)
Vietnam (UT 574)
Neuseeland (UT 573)
Bayern (UT 554)
Namibia (UT 553)
Schweden (UT 552)
Sizilien (UT 551)
Kuba (UT 550)
Südafrika (UT 549)
Kolumbien (UT 548)
Patagonien und Feuerland (UT 547)
Innerschweiz (UT 513)
London (UT 512)
Belgien (UT 511)
Emirate (UT 510)
Kapverden (UT 509)
Kanada (UT 508)
Malediven (UT 507)
Norwegen (UT 506)
Indonesien (UT 476)
Hongkong (UT 475)
Toskana (UT 474)
Argentinien (UT 473)
Kreta (UT 472)
Sahara (UT 471)
Island (UT 470)
Japan (UT 469)
Myanmar (UT 443)
Tessin (UT 442)
Mexiko (UT 441)
Provence (UT 440)
Ägypten (UT 439)
China (UT 438)
Indien (UT 423)
Marokko (UT 422)
Himalaya (UT 421)
Schweiz (UT 420)
Bali (UT 401)
Thailand (UT 400)

Margaret Landon
Der König und ich (UT 593)
Johnston McCulley
Im Zeichen des Zorro (UT 592)
Nagib Machfus Miramar (UT 591)
Ma Thanegi
Pilgerreise in Myanmar (UT 590)
Nigel Barley Die Raupenplage (UT 589)
Mo Yan Der Überdruss (UT 588)
Maryse Condé Segu (UT 587)
Garry Disher Rostmond (UT 586)
Masako Togawa
Trübe Wasser in Tokio (UT 585)
Driss Chraïbi
Inspektor Ali im Trinity College (UT 584)
Nathacha Appanah
Der letzte Bruder (UT 583)
Halid Ziya Uşakligil
Verbotene Lieben (UT 582)
Rob Alef Das magische Jahr (UT 581)
Mitra Devi Filmriss (UT 580)
Leonardo Padura
Der Mann, der Hunde liebte (UT 579)
Jörg Juretzka Fallera (UT 578)
Patricia Grace Potiki (UT 577)
Jean Claude Izzo
Die Marseille-Trilogie (UT 572)
Rafael Sabatini Der Seefalke (UT 571)
Cecil Scott Forester
African Queen (UT 570)
Louis Bromfield
Der große Regen (UT 569)
Claudia Piñeiro
Die Donnerstagswitwen (UT 568)
Nikos Kavvadias
Die Schiffswache (UT 567)
Baby Halder
Vom Dunkel ins Licht (UT 566)
Luigi Bartolini Fahrraddiebe (UT 565)
Nii Parkes
Die Spur des Bienenfressers (UT 564)
Mo Yan Die Schnapsstadt (UT 563)
Nagib Machfus
Der Dieb und die Hunde (UT 562)
Fergus Fleming
Nach oben – Die ersten Eroberungen der Alpengipfel (UT 561)
Garry Disher Drachenmann (UT 560)
Juri Rytchëu
Alphabet meines Lebens (UT 559)

Roberto Alajmo Mammaherz
Rob Alef Das magische Jahr
Raúl Argemí Chamäleon Cacho; Und der Engel spielt dein Lied
Bernardo Atxaga Ein Mann allein
Lena Blaudez Spiegelreflex
Patrick Boman Peabody geht fischen; Peabody geht in die Knie
Hannelore Cayre Der Lumpenadvokat; Das Meisterstück
Driss Chraïbi Inspektor Ali im Trinity College
José Luis Correa Drei Wochen im November; Tod im April
Pablo De Santis Die Fakultät; Voltaires Kalligraph; Die sechste Laterne; Die Übersetzung; Das Rätsel von Paris
Mitra Devi Filmriss
Garry Disher Drachenmann; Flugrausch; Schnappschuss; Beweiskette; Rostmond
Friedrich Glauser Die Wachtmeister-Studer-Romane
Joe Gores Hammett
Chester Himes Harlem-Romane
Petra Ivanov Fremde Hände; Kalte Schüsse; Tote Träume; Stille Lügen; Tiefe Narben
Jean-Claude Izzo Die Marseille-Trilogie: Total Cheops; Chourmo; Solea
Stan Jones Weißer Himmel, schwarzes Eis; Gefrorene Sonne; Schamanenpass
Jörg Juretzka Der Willy ist weg; Rotzig & Rotzig; Alles total groovy hier; Sense; Fallera
H. R. F. Keating Inspector Ghote zerbricht ein Ei; Inspector Ghote hört auf sein Herz; Inspector Ghote geht nach Bollywood; Inspector Ghote reist 1. Klasse
Yasmina Khadra Die Algier-Trilogie: Morituri; Doppelweiß; Herbst der Chimären
Thomas King Dreadful Water kreuzt auf
Bill Moody Solo Hand; Moulin Rouge, Las Vegas; Auf der Suche nach Chet Baker; Bird lives!
Christopher G. Moore Haus der Geister; Nana Plaza; Stunde null in Phnom Penh; Der Untreue-Index
Bruno Morchio Kalter Wind in Genua; Wölfe in Genua
Peter O'Donnell Modesty Blaise – Die Klaue des Drachen; Die Goldfalle; Operation Säbelzahn; Ein Hauch von Tod
Celil Oker Schnee am Bosporus; Foul am Bosporus; Letzter Akt am Bosporus; Dunkle Geschäfte am Bosporus
Leonardo Padura Adiós Hemingway; Der Nebel von gestern; Der Schwanz der Schlange; Das Havanna-Quartett: Ein perfektes Leben; Handel der Gefühle; Labyrinth der Masken; Das Meer der Illusionen
Nii Parkes Die Spur des Bienenfressers
Pepetela Jaime Bunda, Geheimagent
Claudia Piñeiro Ganz die Deine; Die Donnerstagswitwen; Der Riss
Paco Taibo II Vier Hände
Masako Togawa Schwestern der Nacht; Der Hauptschlüssel; Trübe Wasser in Tokio
Tran-Nhut Das schwarze Pulver von Meister Hou
Gabriel Trujillo Muñoz Tijuana Blues; Erinnerung an die Toten
Óscar Urra Poker mit Pandora; Harlekin sticht
Domingo Villar Wasserblaue Augen; Strand der Ertrunkenen
Nury Vittachi Der Fengshui-Detektiv; Der Fengshui-Detektiv und der Geistheiler; Der Fengshui-Detektiv und der Computertiger; Shanghai Dinner; Der Fengshui-Detektiv im Auftrag Ihrer Majestät
Manfred Wieninger Der Engel der letzten Stunde; Kalte Monde; Rostige Flügel